低学年から始める英語短時間学習
~すぐに使える活動アイディアと単元展開~

泉惠美子・田縁眞弓・川﨑眞理子 編著

教育出版

は し が き

　新学習指導要領により小学校外国語活動、外国語科が2020年より完全実施されるのに際し、各小学校では移行措置期間の取り組みを進めておられることと存じます。そのような中、本書を刊行できますのは大変有難く嬉しいことです。本書は、大阪市「英語イノベーション」事業での小学校1年生から6年生までの週3回15分の学級担任による短時間学習の5年間の実践をもとに、全国の小学校でも短時間学習あるいは授業の帯学習として毎回10分で取り組んでいただけることをコンセプトに作成しました。大阪市で小学校英語指導案作成・教員研修に長年献身的に関わってこられた、経験豊富な児童英語教育の専門家が中心となり、指導主事、学級担任等にもご協力を賜り、お忙しい中、玉稿をお寄せいただきました。大阪市教育委員会様並びに執筆者の先生方に心より感謝申し上げます。

　思い起こせば2012年に、大阪市の指導主事から、英語イノベーション事業構想をお聞きし、どのような柱で音文字指導を中心とした短時間学習を進めればよいかについてお話をさせていただいたことが本書誕生のきっかけとなりました。その後も、大阪市の実践や取り組みに微力ながら関わらせていただきましたが、英語の良質な音声のインプットを十分に行うこと、歌・アルファベット、フォニックスや絵本の読み聞かせから、基本表現を用いた楽しいコミュニケーション活動まで、音声から文字につなげる指導を発達段階に合わせて行うことを大切にされた取り組みが、児童のスキルアップと情意の変容、担任の先生方の意識改革にも着実につながりました。Can-Do評価による振り返りも行い、児童の自己肯定感や有能感、動機づけも育ったように思います。

　1992年に全国の公立小学校で初めて英語教育の研究開発校に指定されたのは大阪市立真田山小学校、味原小学校でした。当時私も、研究発表会での授業を体育館で参観したのを覚えています。それから早27年、小学校英語の歴史の中で先達が試行錯誤しながら熱心に進めてこられた優れた実践を絶やさず、更に発展させ、外国語教育を進めていきたいとの思いは執筆者全員同じです。

　本書には、魅力的な歌・絵本やDVDなどを活用した楽しい活動が満載です。文字指導や評価の進め方、教師発話など、分かりやすく書かれた理論と、低・中・高学年での各レッスン12回分の指導案と指導の手順、活動例、ワークシート等から成り立っています。最初から順に45分の外国語活動・外国語科の授業のトピックと合わせて短時間学習として進められてもよいでしょうし、単発でどこかの単元を選んで、授業の中に帯学習として導入されることも可能です。また、教材や活動、指導法について詳しく知ることもできます。どこをとっても小学校の先生方、児童英語教育関係者、教員養成に携わっておられる先生方、大学生や大学院生の皆様のお役に立てると確信しております。

　2025年に大阪万博博覧会の開催が決まり、2020年の東京オリンピック・パラリンピックと合わせ、今後国内外にますますグローバル化・情報化の波が押し寄せてくることでしょう。そのような中、国際共通語としての英語の重要性は益々高まり、児童や保護者の英語教育への期待が増幅することは明白です。楽しく外国語に出合い、日本語と異なる言語を無理なく習得させるためには、出来るだけ本物の英語に触れる頻度を増やし、繰り返し学習させることが重要です。我々の経験知と小学校英語・児童・先生方への思いが結集した本書が皆様のお役に立てることを願ってやみません。是非、ご活用いただき、ご意見などをお寄せいただければ幸甚です。

　最後になりましたが、本書刊行の機会を与えていただき、全面的にご協力・ご支援を賜りました教育出版株式会社関係各位に深く感謝申し上げます。とりわけ書籍編集課の阪口建吾様には企画段階から、編集、刊行に至るまで貴重なご助言やご配慮を、舟本朝子様には編集、校正で多大なるご協力を賜りました。心よりお礼を申し上げます。

　2019年6月

編著者代表　泉　惠美子

はじめに
（大阪市の研修の概要と成果）

（1）「英語イノベーション」事業における「小学校低学年からの英語教育」の取り組み

　平成25年3月に改訂された大阪市教育振興基本計画において、本市は積極的に自分の考えや意見を伝えることができる英語コミュニケーション能力を育成するなど英語教育強化を図る「英語イノベーション」事業に取り組むことになり、本書では、その中の「小学校低学年からの英語教育」での成果を中心に紹介したいと存じます。

　平成25年度に8中学校区の19小学校を「英語教育重点校」として指定し、教育課程外の時間に短時間学習による「小学校低学年からの英語教育」を開始しました（〜27年度）。

　英語教育重点校での取り組みを踏まえ、短時間学習を活用した本市独自の「小学校低学年からの英語教育」を平成28年度より段階的に開始し、平成29年度内には大阪市の全小学校において実施する方向性が27年度末に示され、研修を受講した学校より順次取り組みを開始しました。

　平成30年度には年度当初より、どの学校でも、この「小学校低学年からの英語教育」を実施しております。以下に、取り組みの詳細を示させていただきますので、ご参照ください。

25〜27年度 英語教育重点校での 取り組み	・週3回×1回15分の短時間学習を実施 ・市販の視聴覚教材を活用 ・中学校区ごとに「小学校英語教育重点校」アドバイザーを1名ずつ配置し、各小学校毎月1回ずつの研修と参観指導を実施 ・上記教材を活用した指導案を毎月配信
28、29年度 全市への取り組み 展開	・「ふれる」（楽しさに触れる）【週あたり5〜15分程度】、「なれる」（英語のリズムや音声に慣れる）【週あたり30分程度】、「ふかめる」（英語のリズムや音声への理解を深める）【週あたり45分程度】の中から、各校の現状にあわせた短時間学習での取り組みを開始 ・中学校区ごとに英語教育アドバイザーによる年2回の研修会を実施 ・本市英語教育重点校での取り組みを参考に大阪府教育委員会が民間事業者とともに開発した教材DVD「DREAM」及び複数の絵本教材を使用
30年度〜 全小学校での実施	・「たくさんの英語の音声に触れることにより、音と文字をつなぐ力、内容を推測する力、積極的にコミュニケーションを図ろうとする態度を養う」ことと「学習指導要領の『外国語活動』との有機的な連携を進め、学習内容の定着を図る」ことを企図 ・新学習指導要領における外国語活動および外国語科とは別に、週合計20〜30分程度を複数回に分けて実施 ・本市英語教育重点校での取り組みを参考に大阪府教育委員会が民間事業者とともに開発した教材DVD「DREAM」及び複数の絵本教材を使用

（2）新学習指導要領の全面実施に向けた本市の対応

　本市では、平成30年度より教育委員会事務局内に新たに「英語授業力向上推進チーム」を設置し、2020年度の新学習指導要領全面実施に向けて、全289校を直接訪問して研修することを核に準備を進めていくこととしました。

　この「英語授業力向上推進チーム」は、小学校教員が英語の授業力向上を図るとともに、今後の外国語教育に必要な知識と技能を習得し、各校の外国語活動が円滑に実施できるようにすることを目的としており、大阪市教育委員会事務局が選考及び任用した現職の指導教諭2名と、児童英語教育に長けている2名の非常勤嘱託職員でチームを構成し、各小学校訪問による外国語活動授業力向上研修と外国語活動の授業参観及び助言を行っています。

（3）アドバイザーの多大なる貢献

　平成25年度に、本市が今まで実践したことのない取り組みを実施するにあたり、児童英語教育に長けた外部の方々、本書の執筆にも大きく寄与されておられる「『小学校英語教育重点校』アドバイザー」に助力を求めることとなりました。この「『小学校英語教育重点校』アドバイザー」の方々には、毎月1回担当する学校を直接訪問していただき、次月の指導案のポイントとなる点を踏まえ、理論とともにすぐに授業で使える指導技術を丁寧に伝えていただきました。この「『小学校英語教育重点校』アドバイザー」は、田縁眞弓先生を統括者として、前述の研修や指導案の作成に、多大なる労力と時間を注いでいただきました。英語教育重点校での取り組みが円滑に進んだのは、この「『小学校英語教育重点校』アドバイザー」の方々の貢献抜きには語ることができません。

　最初は、なかなか教員との関係が作れず苦慮された方々も複数おられましたが、「助言者の顔が見える研修」の効果は大きく、関係ができていくにつれ教員から積極的に指導内容について相談にいくなど、まさに「アドバイザー」となっておられました。

　平成28、29年度に全市へ取り組みを拡充していく際には、英語教育重点校の取り組みにおいて機能した講師が訪問して実施する研修のシステムを取り入れるため、前述の「『小学校英語教育重点校』アドバイザー」を「英語教育アドバイザー」と改称し、平成28年度は各校の希望に応じて研修を実施し、平成29年度は全291小学校を中学校区ごとに年間2回訪問していただきました。英語教育重点校の取り組み当初と同じく、1校あたりの回数は少ないものの、「助言者の顔が見える研修」により、取り組み開始に伴う教員の不安解消に大きく寄与しました。

　本書には、この「アドバイザー」の方々が関わって作成してきた指導案等のエッセンスがふんだんに取り入れられております。この本市の事例は、全国の小学校英語教育に関わる方々にとって大きく参考になるものであることは、疑いないものでございます。

　「アドバイザー」の方々の多大なる貢献に感謝を申し上げ、本書が全国の小学校英語教育に関わる方々の一助になることを祈念し、私からのはじめのことばとさせていただきます。

（松本学）

本書の特徴と使い方

　本書は5部構成です。第1部は短時間学習の概要、第2部は各活動の目的や効果と基本的な活動方法、そして第3部、第4部、第5部はそれぞれ低・中・高学年の12回の計画と授業案です。さらにコラムとして実践に携わられた先生方の生の声を掲載しております。巻末には各活動に活用できる絵本やDVD・CDの一覧を付けました。また、付属のCDには指導展開案とワークシートを付けておりますので、ご活用ください。

　第1部では、まず、外国語活動・外国語科の目標と短時間学習の関わりと、短時間学習と45分の授業との関わりを具体的に説明し、低・中・高学年それぞれの発達段階を考慮した適切な活動の組み方を紹介しています。次にCan-Doを使った振り返りで、児童の自己効力・有能感を育てる評価方法を紹介します。第1部の最後では、大阪市イノベーション事業で小学校1年生から6年生で実施した週3回15分の短時間学習の効果検証の結果を報告しています。

　第2部は、歌・チャンツ、絵本、フォニックスを使った短時間活動の効果とその根拠、そして進め方の基本です。単元に共通して使えるアイディア集でもあります。指導者が使う簡単でわかりやすいクラスルームイングリッシュも使用場面と対応させて掲載しています。

　第3部から第5部は、学年別に12回分の単元指導計画と授業計画を1回分ずつ紹介しています。CDに掲載しております単元別の12回分授業計画表で全体を見渡すことができます。1回分の授業計画は単元別に、【単元目標】【表現】から始まり、【活動内容】や【教材】に続いて、その他の【アクティビティ】を紹介したのち、【本時の展開例（X回目／全12回）】を示し、【単元の評価の観点・方法（例）】と児童の振り返り項目で終わっています。

　【単元目標】と【単元の評価の観点・方法（例）】の（知・技）は（知識及び技能）、（思・判・表）は（思考力・判断力・表現力等）、（学・人）は（学びに向かう力・人間性等）を示しています。【単元計画】の歌A①などは、【活動内容】の教材名［歌A］と活動内容の①を表しています。【単元の評価の観点・方法（例）】は教員側の評価規準と評価方法、並びに児童の振り返りの観点とCan-Do評価の一例を示しています。授業実践では、単元の指導目標や、毎時の目標に合わせて3観点から評価を行います。

　また、アイコンを使って、わかりやすく使いやすくしました。

ワンポイント！　は、実際の授業から見えてきたちょっとしたコツや留意点です。

| フォニックス　ジングル |　**検索**　は音源や動画など教材を探すときのキーワード、そして、

教室より　は実際に指導をした先生方からの声です。また、

のマークの付いているワークシート等は、付属のCDに収載しています。

　本書を活用した授業実践により、教室が笑顔と楽しい声であふれ、多くの気づきが起こりますように。

—4—

も　く　じ

第１部　短時間学習の概要

1　外国語活動・外国語科の目標と短時間学習の関わり、短時間学習の意義と留意点……………… 8

2　短時間学習と45分の授業の関わり ……………………………………… 10

3　10分の短時間学習の進め方と活用モデル例 ……………………… 12

4　Can-Doによる振り返り：児童の自己効力・有能感を育てる評価 …… 14

5　短時間学習の成果と今後の展望……………………………………… 16

【実践事例】子どもたちの笑顔のために!! ………………………… 18

第２部　各活動の目的や効果と基本的な活動方法

歌の指導に取り組もう……………………………………………… 22

絵本の指導に取り組もう…………………………………………… 25

アルファベットの文字と音の指導に取り組もう………………… 31

Classroom English ……………………………………………… 36

第３部　低学年の活動例

1　あいさつをしよう……………………44

2　アルファベットであそぼう……………48

3　色であそぼう……………………………52

4　形であそぼう……………………………56

5　数であそぼう……………………………60

Column 子どもたちと私の知的好奇心の高まり
………………………………………………64

6　身体であそぼう…………………………66

7　動物がいっぱい…………………………70

8　好きな食べ物……………………………74

9　歩こう 歩こう…………………………78

10　こうするの ……………………………82

Column ほめながら 楽しみながら …………86

第４部　中学年の活動例

11　これなあに？ …………………………90

12　今、何時？ 天気は？…………………94

13　何曜日？…………………………………98

14　12か月／季節 ……………………… 102

15　おなかすいてる？ ………………… 106

Column 楽しみながら発音練習をしてみたら… 110

16　くらべてみよう …………………… 112

17　科目・時間割 ……………………… 116

18　わたしの持ち物 …………………… 120

19　何になりたい？ …………………… 124

20　どこにあるの？ …………………… 128

Column 短時間学習をリズミカルに………… 132

第５部　高学年の活動例

21　アルファベットの名前と音を知ろう … 136

22　単語の最初の音を聞き分けよう ……… 140

23　音と文字をつなげよう ……………… 144

Column 「気づき」から「学び」へ ………… 148

24　ライムを楽しもう …………………… 150

25　3文字単語を読もう・書こう ……… 154

26　お話を読もう ………………………… 158

Column 踏み出した一歩のその先に………… 162

この本でご紹介した絵本・DVD・CD等 …… 164

あとがきにかえて………………………… 166

編著者・執筆者一覧

【編著者】

泉　　惠美子　関西学院大学

田　縁　眞　弓　ノートルダム学院小学校 他

川　﨑　眞理子　新潟経営大学

【執筆者】（執筆順。所属は執筆時）

泉　　惠美子　上掲

田　縁　眞　弓　上掲

川　﨑　眞理子　上掲

齊　藤　倫　子　桃山学院大学

襧宜田　陽　子　大阪市立西生野小学校

栗　栖　浩　子　大阪市教育委員会

小　椋　由　季　Ogura English School

星　原　光　江　立命館小学校 アフタースクール

ケ イ ザ ー知子　関西外国語大学（非）

西　川　幸　子　English & Phonics

松　延　亜　紀　甲南女子大学（非）

伊　藤　美　幸　Miyuki English School

松　本　　学　大阪市教育委員会

内　田　智佳子　大阪市立新東三国小学校

邉　　一　峯　大阪市教育センター

増　渕　朱　美　大阪市立敷津小学校

植　村　治　美　大阪市立瓜破小学校

廣　瀬　桂　子　元 大阪市立西淡路小学校

上　田　弘　美　大阪市教育委員会

吉　沢　智　子　大阪市立生魂小学校

【表紙イラスト】

オーガスティン真智　ノートルダム学院小学校

第Ⅰ部 短時間学習の概要

1 外国語活動・外国語科の目標と短時間学習の関わり、短時間学習の意義と留意点

（1）学習指導要領における外国語活動・外国語科の目標

　2020年から完全実施される学習指導要領では、中学年から外国語活動、高学年で教科として外国語が導入され、早期化・教科化が進められることになります。また、3つの育成すべき資質・能力を可視化することが望まれ、「何を知っているか、何ができるか（個別の知識・技能）」「知っていること・できることをどう使うか（思考力・判断力・表現力等）」「どのように社会・世界と関わり、よりよい人生を送るか（学びに向かう力、人間性等）」が学習指導要領の目標に明確に記述されています。それぞれの目標は以下の通りです。

---

①**外国語活動**：外国語によるコミュニケーションにおける見方・考え方を働かせ、外国語による<u>聞くこと、話すこと</u>の言語活動を通して、コミュニケーションを図る<u>素地となる資質・能力</u>を次のとおり育成することを目指す。

(1) 外国語を通して、言語や文化について<u>体験的に理解を深め</u>、日本語と外国語との<u>音声の違い等に気付く</u>とともに、外国語の音声や<u>基本的な表現に慣れ親しむ</u>ようにする。

(2) 身近で簡単な事柄について、外国語で聞いたり話したりして<u>自分の考えや気持ちなどを伝え合う力の素地</u>を養う。

(3) 外国語を通して、言語やその背景にある文化に対する理解を深め、<u>相手に配慮しながら</u>、主体的に外国語を用いてコミュニケーションを図ろうとする態度を養う。

②**小学校外国語**：外国語によるコミュニケーションにおける見方・考え方を働かせ、外国語による<u>聞くこと、読むこと、話すこと、書くこと</u>の言語活動を通して、コミュニケーションを図る<u>基礎となる資質・能力</u>を次のとおり育成することを目指す。

(1) 外国語の音声や<u>文字、語彙、表現、文構造、言語の働き</u>などについて、日本語と外国語との違いに気付き、<u>これらの知識を理解する</u>とともに、<u>読むこと、書くことに慣れ親しみ、聞くこと、読むこと、話すこと、書くことによる実際のコミュニケーションにおいて活用できる基礎的な技能</u>を身に付けるようにする。

(2) <u>コミュニケーションを行う目的や場面、状況など</u>に応じて、身近で簡単な事柄について、聞いたり話したりするとともに、<u>音声で十分に慣れ親しんだ外国語の語彙や基本的な表現を推測しながら読んだり、語順を意識しながら書いたりして</u>、自分の考えや気持ちなどを<u>伝え合うことができる基礎的な力</u>を養う。

(3) 外国語の背景にある文化に対する理解を深め、<u>他者に配慮しながら</u>、主体的に外国語を用いてコミュニケーションを図ろうとする態度を養う。（下線部筆者）

　上記の、「外国語によるコミュニケーションにおける見方・考え方」は、「外国語で表現し伝え合うため、外国語やその背景にある文化を、社会や世界、他者との関わりに着目して捉え、コミュニケーションを行う目的や場面、状況等に応じて、情報を整理しながら考えなどを形成し、再構築すること」です。

-8-

さらに、学び方として「主体的・対話的で深い学び」が掲げられました。

（2）短時間学習の意義と留意点

　これまで低・中学年でも短時間学習が取り入れられ、多くの成果が上がっています。大阪市もその一例ですが（第1部5を参照）、歌・チャンツ・語彙・絵本などを週に3回、10～15分程度担任が中心となって進めることで、児童はもとより教員自身の英語力も高めることができると好評です。今後は、カリキュラムマネジメントの中で、低学年から英語の短時間学習に取り組まれる小学校もあるように思われますし、中・高学年でも取り組む意義は大きいと言えます。それでは、短時間学習の意義と留意点を考えてみましょう。

意　義

- ●低学年児童は耳がよく、真似をしたり繰り返すことを厭いません。歌やチャンツ、絵本、アルファベットジングルなど良質の英語を大量に聞かせることで、音に親しみ、日本語と異なる英語の音やリズム、イントネーションを楽しむことができます。
- ●1年生からアルファベットや音韻認識を高めるような音文字指導を行うことで、読み書き指導にスムーズに移行することができます。また自分で読もうとする態度を育てます。
- ●絵本の読み聞かせなど、絵をヒントにまとまった英語を意味ある文脈の中で聞かせることで、曖昧さに耐えながら、場面や文脈から意味を捉え推測しようとする姿勢が育ち、短時間でトップダウン（絵本など）とボトムアップ（フォニックスなど）の両方を用いた自然なことばの学びを進めることができます。
- ●ことばは週に一度だけ触れるより、何度も集中して繰り返し触れることで記憶にもとどまりやすくなります。また、短時間のため児童の集中力も持続します。

留意点

- ●音を伴わずに、アルファベットをひたすら書かせるような指導にならないようにしましょう。
- ●フォニックスのルールを教えたり、単語や表現を意味なく丸暗記させないようにしましょう。

（3）低学年から始める短時間学習と45分授業との関わり

　中学年から始まる45分授業を補完するものとして、短時間学習は大変有意義だと思われます。週に1時間や2時間では覚えきれない語彙や表現、また時間がなくて取り組めない歌や絵本の読み聞かせなど、短時間で楽しく体験的な活動（ゲームやクイズ、活動を含む）を通して、児童に同じ英語に繰り返し出合わせることで、英語に慣れ親しませることができます。また、45分授業で扱うテーマや語彙などと関連のある内容を学習させることでより楽しく学べ、習得にもつながります。さらに、担任と児童が英語を用いてさまざまな活動に取り組む中で、異なる言語や文化への興味関心、言葉への気づきや動機づけを高めたり、間違いを恐れず、英語でコミュニケーションを図ろうとする態度を育てることができます。担任が英語での指示や褒め言葉を用いて、進んで学習者としてのモデルを示すことで、英語が自然にクラスの中に溶け込み、児童の楽しい交流活動の時間になるでしょう。

(泉　恵美子)

2 短時間学習と45分の授業の関わり

（1）短時間学習と45分授業の指導

　短時間学習と45分授業をいかに有機的につなげられるかという視点で、ここでは短時間学習の取り組みで出来ること、また、問題となることを考えてみたいと思います。

①短時間学習の取り組み

良い点

- 学級担任の工夫や裁量で、雨天の休憩時間や掃除のときに音源を流すなど、隙間時間の活用が可能である。
- 短時間のため、指導の頻度を増やしやすい。
- 同じ歌やチャンツなどを繰り返し耳にしたり歌ったりするため、新出語彙や表現が児童の記憶に定着しやすい。
- 視聴覚教材を使うことで、英語の堪能な指導者でなくても児童にとってたくさんの良質のインプットを与えることが可能である。
- 朝学習に取り入れることで、授業へのスムーズな切り替えや、学習規律によい影響を与えることもある。
- 児童が安心して声の出せる学級経営に寄与する場合もある。

考慮すべき点

- 文字通り短時間であるために、十分な目的と指導内容を吟味し、準備をしておかないとすぐに時間がたつ。
- 短時間にテンポよく取り組むのが望ましい学習活動だが、扱う内容によってはマンネリ化し児童の高い学習意欲を保つのが難しい。
- 児童、指導者とも「めあて」を共有しないと、単に「やりっぱなし」の活動になってしまう。
- 45分の指導との連携、また児童の発達段階や各学校の実態に合わせたカリキュラム調整が必要である。
- 短時間活動の中で評価をどのように行うかの検討が必要である。

②45分の授業とどうつなぐべきか

　中学年、高学年ですでに週1回以上の授業が始まっている学校現場においては、本時の単元計画に短時間学習を組み合わせることも可能です。その場合、授業と授業の間に短時間学習が1回ないしは2回入ることを想定し、以下のような指導計画を作成することができるでしょう。ここでは、文部科学省作成外国語教材 *We Can! 1* のユニット7、Where is the treasure? を見てみましょう。

第1時 物の位置を尋ねたり答えたりする表現に出会う。　→　短時間学習①　語彙（cup, basket, bat, castanets, compasses, dice, glassesなど16個）を絵の情報とともにリズミカルに繰り返す。
短時間学習②　同上

第2時 物の位置関係を聞いてわかる。　→　短時間学習③　位置を表すon, in, under, byを使って、指導者の "Where is the ruler?" という質問に答える。
短時間学習④　同上

この後、道案内の表現が出てくれば、その表現を短時間学習に挿入します。*We Can!1*のデジタル教材を活用し、**Where is the treasure?** と **It's on the desk.** の2種のチャンツを取り入れることで、児童は45分の授業内で自信をもってそれらの語彙や表現を使えるようになります。この単元以外でも個人や班ごとの発表活動が第8時で予定されている場合は、それまでの短時間学習を活用して、同じフォーマットを使って練習することができるでしょう。45分授業の中に入っている**Story**やアルファベットジングルの活動も短時間学習の中では活用できる学習内容です。

（２）短時間学習を読み書き指導に生かす

　上記のように、普通授業と短時間学習をつなげることを「横のつながり」と考えます。一方、低学年中学年高学年と通して「縦につながる」指導もとても大きな意味を持つと思われます。低学年で週1回の英語授業がない場合、あるいは中学年以上で週1回ないしは2回の授業があったとしても授業とは別にカリキュラムを考えることができるでしょう。

　小学校では、日本語にはない独特の英語のイントネーションやリズムにたくさん触れ、多くの語彙を学ぶのが重要だといわれています。また、中学年での大文字や小文字の認識、高学年で始まる文字指導に先駆け、音の違いを聞き分けたり、文字との関係に気づくといった「音韻認識」向上のための指導を低学年から短時間学習で指導することができます。新学習指導要領においても、このような読み書きの力は、毎回の授業ごとではなく単元を通して、あるいは年間を通して見取るものだとされています。本書の指導案にはその具体的な学習の進め方がありますが、ここでは段階的な流れの概要を紹介します。

【指導内容】

1．アルファベットソング　　　　　　　　　　絵本の読み聞かせ
2．アルファベットジングル　　　　　　　　　絵本の読み聞かせ
3．歌（歌詞を見ながら歌う）　　ライムがたくさん入った歌を歌う　　絵本の読めるところは読む
4．歌（歌詞の空欄に入る語を考えながら歌う）　　絵本を先生と一緒に読む
5．歌（歌詞の空欄に入る語を書写しながら歌う）　　絵本を友達と一緒に読む
6．単語の語頭音を埋める（ワークシートなど）　　絵本の読めるところは一人で読む

（田縁眞弓）

3 10分の短時間学習の進め方と活用モデル例

（1）いつから指導を始めるか

　中学年が週1時間の外国語活動、高学年が週2時間の教科としての外国語科の指導を前提とすると、スタートは低学年が望ましいでしょう。しかし、すでに外国語の指導が始まっている場合でも、どの学年においても遅すぎるということはありません。新しい学年になじんだ4月末、あるいは夏休み明けからスタートするというのが一番スムーズにスタートが切れるかもしれません。短時間学習の時間を確保するには各クラスの実態に合わせて行うことが望ましいのですが、大阪市の取り組みの大きな特徴として、学校をあげて一斉に、また中学校区が足並みをそろえてスタートしたことがあげられます。日々の積み重ねの効果は大変大きいことを考えると、単学級の場合以外は、少なくとも学年で足並みを揃えることが、長い目で見た場合、児童にとっても指導者にとってもスムーズな連携につながります。クラスサイズが20名程度であれば、2クラス合同でするのも指導者の負荷が少なく、また児童も普段と違う隣のクラスの児童ともやり取りができることで、活動の必然性が増し、結果的に英語学習の動機付けをアップする効果があります。ぜひ、学年で話し合い、一斉スタートが切れるようにしたいものです。短時間学習の指導を経験された先生方がコラムでも書かれている通り、今まで経験したことがないことを始めるのは、負担感と不安感がつきものです。しかし、指導を受けた児童の変化は1か月あるいは2か月で目に見え、指導者を後押ししてくれます。まずは、学年を問わず、学年団で協力のうえ、学校暦のきりがよい頃合いを見計らって、始める計画を立てましょう。

（2）指導の前に準備するべきもの
①使用教材および機器

　本書の指導案を参考に、まずどの単元を、どのような時数で、また何を目標として始めるかを決めましょう。今まで英語学習を経験していない低学年の場合は、そのまま本書の指導案を使うことができます。そこで使用されている教材を確認します。短時間学習の場合、音声インプットが指導の中でも大きな割合を占めるので、教室環境としてCDプレーヤーあるいはPCのプロジェクターとスピーカーが使えることを前提とします。準備の助走期間としては、まずアルファベットの歌とポスターがあれば始めることはできます。また、指導案にあげられた絵本が必ずそれである必要がない場合もありますので、絵本の読み聞かせのめあてや指導手順を理解したうえで、学校ですでに購入済みのものがあれば、それを活用します。さらに、本書のワークシートを使ったり、単元の最後に振り返りを配布、回収し返却することを考慮に入れ、短時間学習用のファイルを事前に準備し、各自持たせることも考えられるでしょう。

②指導者

　短時間学習であることから、指導に使う指示などのクラスルームイングリッシュは限られています。テンポよく指導を進めるためにも、あらかじめ流れを頭に入れ、必要最小限の英語を使いながら指導ができるようにしましょう。児童にたくさんのインプットを与え、日本語と異なる音声やリズム、イントネーションへの気づきを促す指導を中心とするために、指導者が発音のモデルになって単語や語彙を繰り返させるのではなく、耳にした音声を確認するようなことばがけや、児童に次の展開を予想させ興味を惹きつけたうえで聞き取りをさせる、といったフレーズをたくさん使うようにします。指導を始める前に、以下のような基本的なフレーズを指導者があらかじめ使えるようにしておくことをお勧めします。

- Let's start English Time!（さあ、英語タイムを始めましょう）
- Let's listen to the music.／Let's watch the DVD.（音楽を聴きましょう／DVDを見ましょう）

- What do you hear?（どんなことが聞こえますか？）
- What will happen next?（次にどうなると思いますか？）

（3）指導の進め方　活用モデル例

◎低学年　活用モデル例

特例校などで指導時数が決まっている場合、あるいは各学校で自主的に始める場合

- 指導総時数（10時間）を4回×10分の短時間学習に配分
- 5つの単元を各単元週2回2か月で指導する。
- 週2回10分の時間は、朝（1時間目の前）、お昼休み、あるいは放課後など

◎中学年　活用モデル例

外国語活動と併用する場合

- 週1回の外国語活動以外の曜日に週2回実施
  内容は、45分の指導の1単元4時間に合わせ、そこで扱う語彙などに触れる時間も確保する（教科書の音源などを利用）。
- 週2回10分の時間は、朝（1時間目の前）、お昼休み、あるいは放課後など

◎高学年　活用モデル例

- 週2回の外国語以外の曜日に週2回実施
  内容は本書の高学年で主に扱う「音と文字の指導」に加えて授業で扱う語彙や表現を定着するための時間とすることも考えられる。
- 週2回10分の時間は、朝（1時間目の前）、お昼休み、あるいは放課後など

各学校の実態やニーズに合わせて活用が可能です。

（田縁眞弓）

4 Can-Doによる振り返り：
児童の自己効力・有能感を育てる評価

（1）学習指導要領で求められる学習評価

　学習指導要領では、4技能5領域を通じて「英語を使って何ができるようになるか」という観点から学習到達目標（Can-Do形式）を設定し、指導・評価方法を改善するように謳われています。その際、各教科を通じて**「知識・技能」「思考・判断・表現」「主体的に学習に取り組む態度」**の3観点で評価することになります。主な内容は以下の通りです。

①「知識・技能」：語彙・表現や文法などの知識を活用して実際のコミュニケーションを図ることができるような知識として習得されるとともに、自律的・主体的に活用できる技能を外国語の習熟・熟達に向かうものとして評価します。（例：定型表現など、実際のコミュニケーションにおいて必要な知識・技能を身に付けている。外国語の学習を通じて、言語の仕組み（音、単語、語順など）に気付いている。）

②「思考・判断・表現」：コミュニケーションを行う目的や場面・状況等に応じて、外国語を聞いたり読んだりして情報や考えなどを的確に理解したり、外国語を話したり書いたりして適切に表現したりするとともに、情報や考えなどの概要・詳細・意図を伝え合うコミュニケーションができているかどうかに留意して評価します。（例：馴染みのある定型表現を使って、自分のことや気持ち、身の回りのことなどについて質問したり答えたりするなどして表現している。）

③「主体的に学習に取り組む態度」：①②と合わせて見取ります。（例：外国語を用いてコミュニケーションを図ることの楽しさや言語を用いてコミュニケーションを図る大切さを知り、相手意識を持って外国語を用いてコミュニケーションを図ろうとしている。外国語の学習を通じて、言語や多様なものの見方や考え方の大切さに気付いて、主体的に外国語を用いてコミュニケーションを図ろうとしている。）

　小学校では、児童がコミュニケーションへの関心を持ち、自ら課題に取り組んで表現しようとする意欲や態度を身に付けているかどうかを評価することが重要であり、高学年の外国語は、教科として数値による評価（評定）を行うことになります。その上で、外国語の授業において観点別学習状況の評価では十分に示すことができない、児童一人一人のよい点や可能性、進歩の状況等については、日々の教育活動や総合所見等を通じて児童に積極的に伝えることが重要とされています。外国語活動は、設定された観点に照らして特に児童の学習状況に顕著な取り組みが見られる場合、文章の記述による評価を行うとなっています。

　評価方法としては、行動観察、発表観察、ノート・ワークシート・作品点検、自己評価、相互評価、インタビューや発表などのパフォーマンス評価、リスニングクイズを含む筆記テスト、**Can-Do評価**、振り返りシート、ポートフォリオ評価などがありますが、短時間学習では、教師の観察評価、児童の振り返りシートによる自己評価が主になるでしょう。

（2）Can-Do評価の意義と具体例

　短時間であったとしても、まとまった活動を通して単元のめあてを設定し、学習活動を評価し、振り返ることは教員にとっても児童にとっても重要です。その際、何ができるのかといった観点から、「できるようになりつつある」過程を示して自律性を促進し、「できる感」を与え、未来志向的な自己効力を育てるため、各レッスンの活動ごとに到達のプロセスを段階として記述した**Can-Do尺度**を作成し、児童に振り返りシートを配布し、各自で記入させます。その評価活動を繰り返すことで、児童はメタ認知能力や、有能感・できる感、自己肯定感や自律性が高まります。自己評価は繰り返し訓練することでよ

−14−

い点と改善点を客観的に見る目も育ちます。教員は児童の変容を見取ると共に、指導を振り返り、授業改善につなげます。本書で用いられている評価は、以下の尺度を用いています。

Can-Do 4段階尺度

1	「自信がなくまだ難しい、または自分にはできないと感じている段階」
2	「自信があまりない学習者でも何らかの補助的な足場があればできる段階」
3	「多くの学習者が十全に参加すれば達成可能なクラスでの到達目標となる段階」
4	「自信のある学習者を飽きさせないような次への挑戦的課題を設けた段階」

　本編では、単元を通した評価として、一項目一観点のみを掲載していますが、教室で実践する場合は、「知識・技能」「思考・判断・表現」の2観点を複数の活動を振り返ってCan-Do評価をさせ、「主体的に学習に取り組む態度」は自由記述欄に活動への取り組み態度や気づきなどを記入させます。
　振り返りシート作成時には、教師用には児童の姿を文章表記で書き、児童用には簡単なことばとイラストを選ばせたり、色を塗らせたりと工夫を凝らすことで楽しく進めることができます。児童用振り返りシートの様式は付属CDにありますので、参考にしてください。また、振り返りシートは提出させ、教員がコメントを書いて返したのち、英語ファイルに閉じさせ、ポートフォリオ評価として活用することもできます。
　実際にCan-Do評価を用いた教室実践を行った結果、活用した児童や教師の内省から、教師にとっては、活動設計や児童観察、児童の見取り、授業構想力が深まった、児童は有能感や自律性が高まったという結果が出ています。

（泉　惠美子）

図1　大阪市「英語イノベーション事業」で用いた振り返りシート

5 短時間学習の成果と今後の展望

（1）期待される成果

　短時間でも継続的に英語の音声を聞いたり、復唱したりする活動を7か月間（15分×12回×7か月）おこなった児童は、音声に対して敏感になっているようでした。具体的には、読みの発達に不可欠な音素認識力を身につけていると考え、その力を調べました。

（2）検証

　子どもたちは、活動の開始前と7か月間の活動後に教室で一斉に次の2種類の課題に取り組みました。図1は調査に使ったプリントの一部です。

課題① 音韻認識課題[※1]

　聞いたことのない英単語を二つ聞いて、最初の音が同じか違うかを答える課題です。英語だけではなく、日本語でも行いました。英語ならば、／tame ／と／ mame ／（それぞれnameと最初の子音が違うだけ）と聞こえてきたら、最初の子音が違うので、「ちがう」を〇で囲みます。日本語ならば、／ぼし／と／ごし／が聞こえてきたら、最初の音は違うので、「ちがう」を〇で囲みます。音は合成音声で、CDプレーヤーで再生しました。英語と日本語のペアはそれぞれ15組ずつで、次の3種類でした。

表1　調査に使用した15組の音ペアの種類

ペアの種類	聞こえてくる英語	正答	聞こえてくる日本語	正答
ア）最初の子音が違う	tame mame	ちがう	ぼし　ごし	ちがう
イ）子音＋母音が同じ	beak bead	おなじ	でく　でま	おなじ
ウ）最初の子音が同じ	bosh beak	おなじ	めど　もみ	ちがう

課題② 文字（大文字小文字）認識課題

　アルファベットの名前を聞いて、アルファベット3文字の中から正しい文字を選ぶ課題です。文字は、間違いが多い・少ない文字や、名前と音が一致している文字（例D、B）や、一致していない文字（例L、R）を選びました。

（3）検証の結果

　1年生から6年生（有効数1,670人）の調査から、次のことがわかりました。

課題① 音韻認識課題の結果

　活動前から後への平均正答率の変化は1年生で56%→60%、2年生で58%→63%、3年生で59%→66%、4年生で64%→69%、5年生で71%→76%、6年生で69%→73%でした。正答率の伸長は全学年で統計的に意義のある伸長でした。さらに各学年とも事後の正答率が1学年上の事前の正答率を上回っていたので、活動の効果があったと言えるでしょう。

※1　誰もが知らないことを担保するために、実際には存在しない単語（疑似単語）を使います。知っている単語（記憶にある単語）を使うと、記憶情報を使って答えにたどり着いてしまうからです。未知の音を処理する力が大切です。

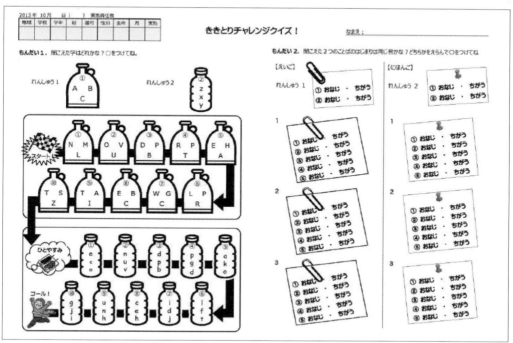

図1　事前事後調査用　ききとりチャレンジクイズ

課題②　文字（大文字小文字）認識課題の結果

　大文字の課題の正答率は、活動前にすでに高学年は95％で、活動後も変化はありませんでした。中学年では89％、低学年75％。小文字の課題では全学年で伸長が見られました（高学年92％、中学年77％、低学年55％）。小文字認識は、事前の正答率に3年生のローマ字指導、5年生からの外国語活動の影響が考えられるものの、半年間の活動で文字を提示したことの効果がうかがえました。

（4）今後の展望

　音も文字もよくわかるようになりました。最初の子音だけが同じ組（前ページ表1のウ）は最初の音は「同じ」ですが、日本語では「違う」ですので、日本語のように聞き取ると誤答になります。このペアの正答率は40％未満でしたが、活動による効果はありました。継続することでさらに認識力が向上すると思われます。短時間でも繰り返し音声中心の活動をすることで英語の音や文字の認識力を養えることを示唆する結果でした。

（川﨑眞理子・斎藤倫子）

【実践事例】

子どもたちの笑顔のために!!
～大阪市の進める英語音声指導で、短時間学習の壁を超えた～

　5．6年生の担任になると「外国語活動の時間があって、ネィティブスピーカーと一緒に週に1度授業をする」ということが現場であたり前のこととしてなじんできたころ、大阪市では、独自に新たな取り組みがスタートしました。それは、朝の15分間の英語音声指導を、月・水・金の週に3回、全学年で行うというものでした。英語指導の経験がない教員も、英語が苦手な教員も、週に3回英語を指導することになり、現場にとってはとても大きな壁になりました。職員の顔には悲壮感が漂い「そんなん英語もろくに話せないのに絶対無理!!」「何をどうすればいいの?!」というような声があちこちで聞かれました。

　しかし、大阪市教育委員会はそういった教員たちの反応を予想のうえで、毎回の活動案（英語での声掛けが詳しく記載されており、その紙をみながら案の内容どおりに授業すればよいというほど丁寧なもの）を配布するだけでなく、スタートするにあたり、月に1度英語アドバイザーを学校へ派遣し、その月に指導する歌やジングルをダイジェストで紹介してくれました。

　「こんな振り付けをすると、子どもたちは喜んで体を動かしながら英語を楽しみますよ！」から始まり、どんどん研修会の回数を重ねてくると、「この歌にはどんな振り付けを合わせると子どもたちが喜ぶか、グループごとに考えて発表し合いましょう！」というように教職員の様子を見ながら、指導力がアップするように研修を進めてくださいました。また、研修の際には、「同じジングルを何度も繰り返し言うから、子どもたちが飽きてしまって…」「高学年が声を出してくれなくて…」など、日々の指導で困ったことなどにも「A-Zの順でなく、Z-Aの順で言えるかチャレンジさせてみては？」「クラスをA-a-aとappleという2つのグループに分けて言えるか挑戦させてみては？」などとアドバイスをしてくださいました。英語を話すことが苦手な教員も、その研修によって、いろいろな英語の指導法を学び、クラスルームイングリッシュを練習し、少しずつ英語指導への壁を低くすることができてきました。

　校内でも、先生方の英語力アップの助けになればと、英会話教室を週に1度開き、ネィティブスピーカーと一緒に簡単なコミュニケーションゲームなどをしながら、英語に触れる機会を増やすように心掛けました。そうすると、「きっちりとした文法で話さないといけない」と身構えていた教職員も、単語とジェスチャーだけでも自分の思いが伝わることが少しずつわかってきて、職員室でポツンと一人で座っているネィティブスピーカーにも、徐々に簡単な日常会話を試みる姿を見ることができるようになってきました。そしてそれは、学級にも広がり、授業の初めには "What's new?" "What's up?" とい

教職員英会話教室の様子

うSmall Talkなどを取り入れ、自然に繰り広げられていくようになりました。

　朝15分間の英語音声指導は、CDやDVDなどの音源を使ってたくさんの良質な英語をインプットすることが中心で、指導者は繰り返しその音源を聞かせるだけでもよかったのですが、そこは長年の教師経験のある先生方です。その音源を使って、いろいろな楽しい仕掛けを考え、子どもたちの実態に合わせて楽しく学べるように「低学年は体を、中学年は口を、高学年は頭を動かす」アレンジをして指導する様子が見られるようになってきました。

　また、新しく転任してきた先生方と、英語タイムの指導方法がわからなかったり、学級間で指導のズレが出てきたりしたことから、学年でティームティーチングをして英語タイムを指導していくようにしました。すると、新しく転任してきた先生方も指導の仕方がわかるようになったり、指導者と機器を操作する者とに役割を分担することができたりと、スムーズに英語音声指導が実施できるようになってきました。

　子どもたちの目の前にいる先生が楽しく英語を指導することによって、少々つたない英語であっても、子どもたちは楽しく学び、どんどん英語を吸収していく姿を目の当たりにすることができました。

　子どもたちの笑顔が、私たち指導者へパワーをくれるのは間違いありません。ぜひ、皆さんで、世界のたくさんの人々と、英語でコミュニケーションがとれる子どもを育てていきませんか？

（内田智佳子）

第2部 各活動の目的や効果と基本的な活動方法

歌の指導に取り組もう

「歌のDVDを流していると、児童がどんどん英語を口にしたり、歌ったりするようになった！」そんな声をよく聞きます。英語活動において、歌は、楽しく英語に触れる大きなアイテムとなります。

歌のよさ

○聞いて楽しい！　歌って楽しい！
→子どもは、音楽やリズムが大好きで、体を揺らしリズムをとりながら聴くことができます。歌で、英語の音声に出合うことは英語学習にとって楽しい第一歩となります。
○英語特有のリズム（強調・リズム・イントネーション）に自然に触れることができる
→英語には、日本語と異なる特有のリズムがあり、英語の歌にもそれが表れています。児童は、音やリズムを体全体で捉え、自然に慣れ親しんでいきます。
○英語の語彙や表現に繰り返し親しむことができる
→楽しい歌は、何度でも歌いたくなります。必然的に繰り返し、表現に慣れ親しむようになります。低学年は特に、耳から聞こえたままを反復することが得意です。
○ジェスチャーをつけて歌えば、音と意味をつなげることができる
→歌詞に合わせてジェスチャーをつけることで、日本語で説明を聞かなくても言葉と意味を結び付け（TPR※）、英語を理解する助けとなります。
○歌詞を見ながら歌えば、文字と音の関係に気づくことができる
→歌詞を見ながら歌うことで、音声と文字が結びつきはじめ、頭文字を見て次の歌詞を推測して歌うことも増えていきます。
○文化を感じることができる
→遊び歌など、その国特有のリズムや歌詞があるものは、自然にその文化に触れることができます。

※TPR【Total Physical Response Approach アメリカの心理学者James J. Asher提唱「全身反応教授法」】話す力を習得する前に、聞くことに時間を費やし、動作と結びつけながらことばを身につけていく方法。

歌の指導に取り組む際に、DVD教材や絵カードを活用し、視覚的に歌詞の意味が推測できるようにすると、歌詞を日本語に翻訳することなく歌の意味を理解する助けとなります。見て、聴いて歌に慣れ親しむことができる環境づくりをおすすめします。インターネット検索でも活用できる動画やフリー画像等が見つかることもありますので試してみてください。

歌の指導

本書では、歌の指導は視聴覚教材を活用することとしており、「基本の活動」を次のように示しています。

★基本の活動

①視聴し、聞こえた英語の表現を出し合う。（ジェスチャーがあればそれも一緒に、英語の意味を示す映像があれば音と合わせて確認するとよい）
②歌えるところから歌う。（ジェスチャーをつけてもよい）
③工夫して歌う（ペアでかけあったり、意味を感じてジェスチャーをしたりしながら歌う。
④歌の表現を使ってアクティビティをする。（できるもののみ）

総じて年齢が低いほど、英語の歌に限らず聴いたまま歌うことに躊躇せず、自然に口ずさむようになります。ただし、そのタイミングは個人差がありますので、聴く時間をしっかりと確保したうえで、子どもが音やリズムを感じ、少しでも歌えるようになった姿を笑顔で"Very Good！"と認めるようにしましょう。児童の聴く力を信じ、「聴こうとする姿を後押しする」というのが、この指導法のポイントです。また、学年が進むにつれ、知的好奇心が高まり、自分の知っている言葉・音と関連させて理解したいという傾向が高まります。読みへの指導の大きなチャンスと捉え、歌詞を全員が見やすい状態に提示したり、プリントとして手元に配布したりするなどの工夫をしてみましょう。

「基本の活動」の指導上の留意点・主な声かけ

指導上の留意点	主な声かけ
①視聴し、聞こえた英語の表現を出し合う →児童が聞こえた英語を聞こえたまま表現していることを称賛し、どんどん聞き取ろうとする態度を育てるようにしましょう。	・Let's listen to the CD.（CDを聴きましょう） ・Let's watch the DVD.（DVDを見ましょう） ・What did you hear？（何が聴こえましたか？） ・One more time！／Listen to the song again.（もう一度聴いてみましょう）
②歌えるところから歌う →いつも大きな声で歌うことのみを奨励するのではなく、小さい声で、ジェスチャーを小さくして、などバリエーションをつけながら、歌いながらもしっかり聴く時間を確保するようにしましょう。	・Sing the song together.（一緒に歌いましょう） ・Sing the song with gestures.（ジェスチャーをつけて歌いましょう）
③工夫して歌う →歌の特徴を生かして歌い方を工夫しましょう（次項参照）。工夫して歌うことでより歌の内容を理解したり、リズムを感じたりできるようになることをめざします。	・Get into 2 groups.（2つのグループに分かれます） 　Group A sings first.（Aグループは先に歌います） ・Face to your friend（s）and sing.（友だちと向き合って、歌いましょう）

歌の特徴を生かした指導法

　歌は、上記「基本の活動」で指導しますが、そのうえで、歌の特性やねらいによって、指導を工夫するとよいでしょう。

○「語彙や表現に慣れ親しむ」ことができる歌の指導

　語彙や表現が繰り返されている歌は、映像や絵カードを見ながら繰り返したり、TPRとしてジェスチャーをつけたりして、言葉の意味とともに慣れ親しむことができるようにします。慣れてきたらその語彙や表現を使ってアクティビティを行ったり自分のことなどに表現を入れ替えたりして歌うなど、よりアウトプットを意識した活動を取り入れるとよいでしょう。本書の第3部以降では、主に低・中学年の指導案で「アクティビティ」として例示しています。

（歌の例）※本書で紹介しているものを中心に記載しています。

低　学　年	中　学　年
Hello Song／Colors I Like／Shapes／Ten Steps／Head, Shoulders, Knees and Toes／Touch Your Head／Who Are You?／Walking Walking	What's This?／What Time Is It?／The Months of the Year／A Week Song／Who Can Ski?／Where's the Dog?

○「音（や文字）への気づきを促す」ことができる歌の指導

　　ABC SongやAlphabet Jingleなどは、楽しく何度も歌うことでアルファベットの名前や音、またその音を含むことばなどに自然に触れることができます。ある程度歌えるようになったら、途中でとめて、次の文字（音）を考えさせたり、個人でアルファベット表を持たせて、指で追いながら歌わせたりするとよいでしょう。さらに、慣れてきたら、ABCカードなどを使ってゲーム等を行うとより認識が深まります。ABC SongもAlphabet Jingleも多くの種類があるので、いろいろなバージョンに挑戦するとより認識を深めることができるでしょう。また、その他の歌でも、歌詞を示しながら音声に十分慣れ親しませることで音と文字の関係に気づくことができます。高学年は、ぜひ取り組んでみましょう。

（歌の例）ABC Song, Alphabet Jingle（A-Z、動物、食べ物、など）

○「外国の文化に触れる」ことができる歌の指導

　　マザーグースや英語圏で歌い継がれている歌、絵本と対応している歌など外国の文化が感じられる内容のものも多くあります。手遊び歌やゲームのように遊ぶ歌となっているものもありますので、歌に親しむとともにぜひ取り組んでみてください。

（歌の例）Five Little Monkeys, Row Row Row Your Boat, Who Took the Cookies from the Cookie Jar, Down by the Bay

こんなときどうする？ Q&A

Q	A
正確に歌うことができなくてもいいですか。	短時間学習では、歌の全てを正確に歌うことが目標ではありません。英語にたくさん触れていくことで、音を聴き取る力や態度を育てることをめざしています。「聴けることが増えた」喜びや「英語の響き」に対する気づき等を大切にしながら、歌える部分から少しずつ歌えるように進めましょう。
歌詞にカタカナをふってもいいですか。	歌を取り扱うよさには、「英語の音声やリズムをそのまま真似ることができる」ことがあります。カタカナをふることで、英語の音声を日本語に置き換え読んで歌ってしまい、この効果を妨げる可能性が高まります。カタカナをふるのは、おすすめしません。
歌詞の意味を教えた方がいいですか。	可能な限りDVDや絵カード等を活用し、意味と音に同時に触れることができるようにしましょう。難しい場合でもキーワードとなることばをジェスチャーや絵などを示しながら、理解できるように支援をしましょう。一文一文翻訳してしまうと、自分たちで意味を推測する機会を奪ってしまいかねません。
発音に自信がないのですが、担任が歌ってもいいですか。	指導者は、歌を教えるというより、「聴いて楽しく歌う」モデルとなるようにしましょう。指導者も子どもとともに、よく聴き、楽しんで歌うことが児童のやる気を促します。

絵本の指導に取り組もう

「子どもが絵本を楽しみにしている」「読み聞かせは慣れたら楽しい」そんな体験の声がある一方で、「取り入れてみたいけど、難しそう」という不安の声も多いのが絵本の指導です。小学生の英語指導における絵本の大きな効用やそのよさ、すすめ方を知ることで、より多くの先生方に実践してもらえることを期待しています。

絵本を取り入れるよさ

○英語を「聞いてわかる」体験ができる
→児童はお話を聞くのが大好きです。なかでも、絵本は、ストーリーのわかりやすさと絵を手がかりに内容を理解しやすいのが大きな魅力。場面に応じた自然な英語に触れ、想像力を働かせながら、英語を「聞いてわかる」体験をすることができます。

○くり返しの表現で、語句や表現をインプットできる
→くり返しの表現がある絵本は、そのリズムや音の響き、表現にくり返し触れ、楽しみながらどんどん理解し言えるようになっていきます。

○英語で自然なやり取りができる
→読み進める際に、"What's this?" "How many?" などの既習表現を活用した指導者の質問に答えたり、友だちの発言を聞いたりすることで、内容の理解を深めるとともに、自然な英語で本物のコミュニケーションを体験することができます。

○文字を読みたくなる
→指導者の読み聞かせを聞いたり、文字を追いながら一緒に読んだりすることなどを通して、文字への関心が高まり、意味と音声と文字を結ぶ体験ができ、文字を手がかりにお話を読もうとする態度も育ちます。

○文化を感じることができる
→絵本には、お話や絵の内容、タッチ、色彩などからその国や地域の文化を感じることができるものも多いです。さまざまな絵本を取り入れることで、多様な文化に触れることができます。

絵本を選ぶ

絵本を選ぶには、さまざまな視点が考えられますが、小学校の先生が学級で読み聞かせを始めるには次の点に留意するとよいでしょう。

●絵が表すものと文の内容に関連性があるもの（読みの助けとするため）
●語彙が平易で児童らの背景知識を利用でき内容がわかりやすいもの（指導者は安心して読め、児童は理解しやすい）
●英語独特のリズムに楽しく触れられるもの
●繰り返しがあって、一緒に声を出して読んでみたくなるもの

また、あまり長すぎると集中が持たなくなることもあるので、読み聞かせにかかる時間が、指導者が一度実際に声に出して読んでみて5分以内であるものがよいでしょう。

本書の第3部以降に掲載している低・中学年の指導案では、主に単元のテーマに関連のある絵本を取り入れ、語彙や表現への慣れ親しみが深まるようにしています。しかし、絵本を取り入れるよさや目的は前述したようにさまざまあるので、児童の興味関心に合うような多彩なジャンルの英語絵本にチャレンジし、指導者と児童がたくさんの英語に触れて楽しむ時間にするとよいでしょう。

発達段階に応じて英語絵本を選ぶときには、次の視点も参考にしてください。

〈低学年〉　くり返しやリズムがあり、児童が思わず一緒に読みたくなる本
　　　　　（例）Brown Bear, Brown Bear, What Do You See? ／ No, David! ／ See You
　　　　　　　Later, Alligator! ／ Where's Spot? ／ Five Little Monkeys Jumping on the Bed

〈中学年〉　楽しみながら、先生と英語でやり取りができる本
　　　　　（例）An Elephant & Piggie Book シリーズ／ Pete the Cat：I Love My White
　　　　　　　Shoes ／ Bark, George ／ White Rabbit's Color Book ／ Ketchup on Your
　　　　　　　Cornflakes?

〈高学年〉　絵本の内容を一緒に考えたり、音と文字に気づかせ読みへとつなげる本
　　　　　（例）The Earth Book ／ The Peace Book ／ Q is for Duck：An Alphabet
　　　　　　　Guessing Game ／ Graded Readers[※]（Oxford Reading Tree, Building Blocks等）

　　　　　※Graded Readersとは、英語習熟レベルに合わせて難易度分けされている本のシリーズ。音と
　　　　　　文字の指導と合わせて、全体で文字をつなげながら読む体験ができる。

絵本の読み聞かせのすすめ方

　絵本の読み聞かせでは、ジェスチャーをつけたりや声色を変えたりして読むことが、児童の内容理解の助けともなります。ぜひ、表情豊かに読みましょう。また、時折、絵や話の内容について児童に質問しながら、児童をお話の世界に引き込むように心がけます。児童が、全てをわからなくても、その楽しさや面白さとともに全体を類推しながらわかることを大事にするので、細かい表現を一つ一つ確認したり、訳しながら読んだりすることは必要ではありません。
　本書では、絵本の読み聞かせによる児童の「基本の活動」を次のように示しています。

★基本の活動

①表紙の絵を見て、見えるものを出し合ったり指導者の質問に答えたりする。
②内容を推測しながら読み聞かせを聞く。（指導者の質問に答えながら聴く）
③読めるところを一緒に読む。

「基本の活動」の指導上の留意点と主な声かけ

指導上の留意点	主な声かけ
①表紙の絵を見ながら見えるものを出し合ったり指導者の質問に答えたりする。 →表紙の絵を見せて、見えるものを出し合う際には、お話の内容につながるものや題名につながるものなどに注目させるようにするとよいでしょう。また、児童が知っている表現でやり取りすることで、英語でお話を聞くことについての気持ちも高まります。	It's story time!（お話の時間ですよ） The title is ～ .（題名は～です） 〈表紙をよく見せて〉 What do you see?（何が見える？） 〈場面に応じて〉 ・How many ～（複数形）can you see? ・What's this? ／ What are these? ・What's he (she) doing? ・Who is he (she)？ ・What is his (her) name? ・Let's say the title together.（タイトルを言いましょう）

－26－

指導上の留意点	主な声かけ
②内容を推測しながら読み聞かせを聞く。 →話の流れに沿って、さらに引き込みたい場合や理解させたい表現がある場合、また話の面白さを高めるために推測を促す場合などに、質問してやり取りするようにしましょう。	・What's this? ／ What are these? 〈表現を理解させたい場合の例〉 ・（本文通り読めば）He is in the mud. ・（表現がわからない様子の場合）What is mud? ・（泥の絵を指さして）This is mud. He is in the mud. 〈話の内容を推測を促す場合（場面の転換や終末などに）〉 ・What will happen next?（次はどうなる？） ・What do you think?（どう思う？） ・How about you?（あなたはどうですか？） （英語や日本語で児童にどんどん意見を言わせるとよい）
③読めるところを読む。 →何度も繰り返して出てくる表現がある場合や、2回目以降の読み聞かせの場合には、児童に一緒に読むよう促すと自然に発話するようになるでしょう。	・Let's read together.（一緒に読みましょう） ・児童が言えそうな場合は、途中で読みを止めて手招きしたり、「1、2」などの声をかけたりして、一緒に言うようにしましょう。視線やジェスチャー、普段の授業でも使っているさまざまな方法は英語学習でも同じように使えます。ぜひ取り入れてみてください。

こんなときどうする？ Q&A

Q	A
発音に自信がないけど、読み聞かせをしてもよいのでしょうか。	絵本の読み聞かせの大きな目的は、お話を「英語でわかる」という体験をさせることです。正しい英語を話すことのみに注意を払うのではなく、子どもに語りかけるような読み方を大切にしましょう。そのうえで英語らしい読み方を意識して取り組むとよいでしょう。事前に、ALTに聞くなどすると自信をもって取り組めます。また、絵本付属のCDを活用して始めることもできます。
日本語で説明してもよいでしょうか。	児童が、わかりたい場面や表現などはできる限りジェスチャーや絵などを示して支援をしましょう。児童から質問がでれば、What do you think?とその児童や全体に聞き返すと答えを返してくる場合も多くあります。その場合は、That's right! Very good.とほめることで自信をつけることもできます。

(参考) 英語絵本とそのあらすじ

	絵本の題名	あらすじ
1	Brown Bear, Brown Bear, What Do You See?	「なにが見えるの？」の問いかけに、動物がそれぞれカラフルな動物を紹介していくお話。最後には、登場した全ての動物を子どもたちが紹介する。
2	The Very Hungry Caterpillar	『はらぺこあおむし』のお話でも有名な絵本。あおむしは、毎日違う種類のくだものを食べ、土曜日にはさらに10種類の食べ物を食べ、とうとうお腹をこわす。大きくなったあおむしが、最後には美しい蝶へと変身する。
3	From Head to Toe	11匹の動物たちがお得意のポーズを見せて、「君にはできるかな？」と子どもに尋ねる。すると子どもは、同じポーズを真似しながら「できるよ！」と答える。
4	Today Is Monday	月曜日にはさやいんげん、火曜日にはスパゲッティ、水曜日にはスープ…。見ていて楽しくなるような食べ物をいろいろな動物たちが紹介する。おなかをすかした子どもたちがやってきて、全部たべちゃうよ！
5	Draw Me a Star	お星さまを描いたら、星が太陽を描いてとお願いする。そして、木、人間、家…次々と描いていき、最後にお月さまが星を描いてとお願いする。子どもだった絵描きは、成長して大人になり、最後に描いた星に乗って夜空を旅する。
6	No, David!	Davidはいたずらっ子。いつもお母さんに「ダメよ！」と言われてばかり。すっかりしょげているDavid。お母さんは、そんなDavidをよんで、「大好きよ！」と言って抱きしめる。
7	Five Little Monkeys Jumping on the Bed	寝る時間なのに、5匹のサルがベッドの上で飛び跳ねていて、1匹が落ちて頭を打つ。お母さんザルはお医者さんに電話する。「もうベッドの上で飛び跳ねてはいけないよ！」とお医者さん。なのに、また飛び跳ねて、今度は別のサルが落ちちゃった。何度繰り返すのやら。最後は、お母さんザルの意外な行動に思わず笑いがこぼれる。
8	In a People House	ネズミが鳥に家の中にあるものをたくさん紹介する。いす、ローラースケート、バナナ、お風呂、ほうき…。たくさんの物を見たり遊んだりして、最後には人間に見つかり、外へ出される。
9	Bears in the Night	クマの兄妹は夜中に外へ抜け出し、森を通り抜けて、"Whoooo!"と鳴く声の方角へと進んで丘のところまで行く。そこで怖い体験をしたクマたちは、慌てて来た道を戻って家に帰り、何事もなかったようにベッドに戻る。
10	The Foot Book	左足、右足。赤色の足、黒色の足。濡れた足、乾いた足。いろんな足が登場する。反対語の形容詞の単語がたくさん出てくるお話。どれだけたくさんの足に出会えるかな。
11	The Eye Book	僕とウサギが見るさまざまなもの。太陽にお月様。フォークにナイフ。たくさんの物が出てくる。最後に「頑張れ！僕たちの目」と言って目を応援する。
12	What's the Time, Mr. Wolf?	「オオカミさん、何時？」7時だ！ 起きる時間。8時だ！ 朝食の時間。オオカミの1日はどんな1日かな。歯磨き、お着替え、昼食、お昼寝、お部屋のお掃除…。楽しい1日を時間で追っていく。
13	See You Later, Alligator!	2匹のワニのCrocodileとAlligator。Crocodileが忙しくって、「手伝ってよ。」と言っているのに、「そのうちにね～。」とはぐらかしてばかりのAlligator。Alligatorが最後に昼ご飯を分けてとお願いしても、Crocodileは「またね～Alligatorくん！」と返す。結局ご飯はもらえずじまい、痛快なワニのお話。

	絵本の題名	あらすじ
14	Go Away, Big Green Monster!	闇の中に見える大きな黄色い目、緑の鼻、尖った白い歯、赤い口、ねじれた耳、もじゃもじゃの髪の毛…、モンスターの恐ろしい顔のパーツが少しずつ登場する。
15	Pete the Cat : I Love My White Shoes	真新しい白いスニーカーを履いたねこのPete。「僕の白い靴、大好きだ〜♪」と歌いながら歩いていた。イチゴの山に足を踏み入れて、白いスニーカーが赤くなっても全く気にせずに、「僕の赤い靴、大好きだ〜♪」って歌い続ける。スニーカーはどんどんいろんな色になっちゃう。何が起こっても全く気にしないPete、「よいことばかりだから…」だって！
16	Pete the Cat : Rocking in My School Shoes	学校用の靴を履いてロックを歌うねこのPeteがいろいろな場所を発見する。図書館、食堂、運動場、行く先々で歌い続けるPete。どこに行っても全く気にしない。「よいことばかりだから…」だって！
17	The Lady with the Alligator Purse	Miss Lucyが赤ちゃんのTimを風呂に入れたところ、風呂の水を飲んで石鹸を食べ、浴槽まで飲み込もうとする始末。医者が来て、看護士が来て、ワニの鞄を持ったおばさんまでやって来た。お薬ではなくて食べ物でTimは元気に…大好きなピザで病気が治った、というユーモア溢れるお話。
18	When Sophie Gets Angry--Really, Really Angry	Sophie（ソフィー）はぬいぐるみを妹に取られ腹を立て、怒りが爆発。外に飛び出して森を駆け抜けた。歩いて行くうちに孤独な気分になってきて、とうとう泣き出してしまう。木に登って海を見ていると、次第に落ち着き、気持ちが和んでいく。家に戻ると、家族はみんな暖かく迎え入れてくれた。Sophieは、ほっとする。
19	Sheep in a Jeep	羊たちがジープに乗って出かける。途中で動かなくなったジープを羊たちが押したりするがなかなか進まない。泥地にはまり、ジープはとうとう壊れてしまった。困り果てた羊たち、最後はジープを売ることに…。「ジープが安い！」の看板を見て誰かが買ってくれるかな？
20	Rosie's Walk	キツネは散歩しているニワトリのRosie の後をつけて、何とか捕まえようとするが、どうにもこうにも上手くいかない。襲うタイミングが悪く、粉まみれになったり、ミツバチに追いかけられたりと散々な結果に。それに全く気づかずに、Rosieの散歩は何事もなく終わった。
21	Pal the Parrot	Bobのペットのオウムくん。Bobがいろいろなことばを教えると、同じように繰り返す。Bobが自分の名前を言って自己紹介すると、オウムくんも自分の名前はBobだと繰り返すから紛らわしい。Bobとオウムくんのやりとりが楽しい。
22	It Looked Like Spilt Milk	時には、こぼれたミルクのように見えたり、時にはウサギや鳥に見えたり…。いろいろな形に見えたけれど、それらは全て空に浮かぶ雲。雲を眺めてみると、どんな形に見えるかな。いろんなものを想像してみよう。
23	The Happy Day	雪深い山で動物たちが冬眠している。目を覚まして、外に出て臭いをかぐ、何かの気配を感じて走り出す山の動物たち。何を見つけたのか？ 春の訪れを喜ぶ動物たちが楽しそうに踊る、「幸せな日」を描いている。
24	It's Okay To Be Different	歯が抜けていてもいいさ、助けてもらってもいいさ。鼻の形が違っても、色が違っても大丈夫。さまざまな違いを紹介し、最後に作者がメッセージを残す。みんな違うところがあっていい、違うことをしてもいいのだよ。君は特別なのだから。大切なのは、君が誰なのかってことさ。

—29—

	絵本の題名	あらすじ
25	Peanut Butter and Jelly	主にアメリカやカナダの子どもたちに人気のある、ピーナッツバターとジャムのサンドイッチを愉快な象たちと一緒に作っている。サンドイッチの作り方をリズムよく楽しく読むことができる。
26	I'll Always Love You	男の子は犬のElfieと生まれたときからずっと一緒。リスを追いかけたり、庭の土を掘り起こしたり。時々いたずらもするけれど、Elfieは家族みんなから愛されていた。男の子はElfieに「ずっと大好きだよ！」と言い続けた。やがて年老いたElfieは思うように動けなくなり、家族皆が心配するが…。男の子はペットの死でかけがえのない愛を体験する。
27	The Doorbell Rang	ママが焼いてくれたクッキーは全部で12枚。兄と妹が仲良く等分にして食べようとするとチャイムが鳴る。お友だちがやってきて、4人でクッキーを分けることになる。すぐにまた別のお友だちがやって来た。お友達はどんどん増えて12人に。そしてまたチャイム！　最後の訪問者は…おばあちゃん！クッキーをたくさん焼いて持ってきてくれた。
28	Have You Seen My Cat?	男の子が飼っていたネコが、ある日いなくなってしまった。男の子は「僕のネコみかけましたか」といろいろな国の人に尋ねてまわる。ライオン、トラ、チータ、ピューマ、ジャガーなど、ネコ科の動物たちが登場するお話。
29	Joseph Had a Little Overcoat	Josephは1枚の古いコートからいろいろなものを作る。コートはジャケットになり、ベストになり、そしてスカーフにと、どんどん小さなものになって最後にはボタンになった。けれどもそのボタンを失くしてしまった。Josephはまだ作れるものがあると気づき、それを本に書いた。すべて失ってもまた何かを作ることが出来るというお話。
30	My Friend Rabbit	ウサギとネズミは大の仲良し。ウサギはよかれと思うことには何事にも一生懸命。でもそれがいつも問題を引き起こす。ある日、ネズミの飛行機が木に引っかかり、ウサギはたくさんの動物たちを高く積み上げてそれを取ろうとするがひっくり返ってしまう。巻き込まれた動物たちはちっとも嬉しくない…。最後に何とか飛行機に乗れたネズミとウサギは、飛行機に乗ったまま木に引っかかってしまった。

アルファベットの文字と音の指導に取り組もう

　　小学校「外国語科」では、「読むこと」「書くこと」について、小学校段階での目標が示されています。本書では、短時間学習で取り組むことができる「読むこと」「書くこと」につながる文字と音の指導を紹介します。低学年から、さまざまな活動を通して楽しみながら行えるとよいですね。

低学年から文字と音の指導を取り入れるよさ

○文字に興味をもつようになる
　→低学年の児童は日常生活のなかで、すでに多くのアルファベット表記（ロゴやシンボルなど）に触れています。英語学習でアルファベットに触れることで、さらに興味関心が高まり、生活場面とあわせて慣れ親しみも深まります。
○読もうとする態度が育つ
　→中学年くらいになると、アルファベットの音がおおむねわかり、絵本や歌、会話で出てくる単語の読み方や意味に興味をもつようになったり、知っているアルファベット文字の音をつなげて読もうとしたりする態度も見られるようになります。
○自分の力で少し読めるようになる
　→高学年くらいになると、単語や文の読み方や意味に対する興味がさらに高まり、会話で慣れ親しんだ表現や簡単な絵本などを、自分で読みたいという気持ちを持つようになります。その際、文字と音の関係に気がついていると、自分で読み進める大きな手がかりとなります。
○コミュニケーション活動の助けとなる
　→コミュニケーション活動において自分の伝えたいことを発表したり、友達とやり取りをしたりする際、音声で慣れ親しんだ単語や文章を書いておくことが記憶の助けとなり、自信をもって活動に取り組むことにつながります。

文字と音の指導

　　アルファベットの文字や音を学ぶことは、「読むこと」「書くこと」の土台となるものです。しかし、例えば、「c／k／，a／æ，t／t／」→「cat（キャット／kˈæt）と音をつないで読むことができるようになっても、キャット／kˈæt／という音声が「ねこ」のことだとわからなければ、読むことができた喜びは感じられないでしょう。

　　単語を読み始めた児童が、「ああ、あのことね！」と意味がわかる経験、読む楽しさに触れる経験を積み重ねるためには、その前に、たくさんの語彙や表現に触れ、聞いて意味のわかる語彙や表現を増やすことが大切です。

　　そこで、本書の短時間学習においては、全ての学年において歌や絵本を活用してたくさんの音声言語に親しみ、聞いてわかる語彙や表現を増やしていきます。そして、並行して「文字と音の指導」を次の「基本の活動」のように行います。

★基本の活動

~歌や絵本を活用して、「たくさんの音声言語に慣れ親しむこと」とともに行う~
①アルファベット（大文字・小文字）の名前と形に親しむ。
②アルファベットの音に親しむ。
③音をつないで読む。
◇「書くこと」については、「形に親しむ」「書き写す」「正しく書く」という流れで段階的に行う。

　低学年から始めた場合、低・中学年は、ABCソングやフォニックスジングルなどを中心に楽しく歌ったり、言ったりしながら、①「アルファベットの名前と形に親しむ」、②「アルファベットの音に親しむ」ことをすすめていきます。慣れ親しみや発達段階に応じて、ゲーム性を取り入れるなどして認識の深まりをめざします。

　高学年では、③「音をつなぐ（読みの指導）」として、音の足し算や音韻を意識させる活動をしつつ、慣れ親しんだ簡単な単語や文を読んだり、書いたりします。また、読む力を伸ばすため、Graded Readers[1]と呼ばれる簡単な絵本読みにも挑戦していきます。

　文字を書くことについては、低学年から「手で文字を形づくる」など形の認識から行い、中学年で「文字を書いてみる」、高学年で「正しく書く」というように段階を踏んで取り組むこととします。

　また、ABCソングやアルファベットジングルから始めることで、どの学年でも［基本の活動］の①段階からスタートできます。取り組み期間や児童の慣れ親しみ度に応じて取り組みスピードを調整するようにしましょう。

指導案における「文字と音の指導」のすすめ方

　低学年・中学年の指導計画には、「音と文字の指導」を「アルファベット」と表記し、実施する回は、次のように○で示しています。12回の単元計画のなかでは、おおよそ3～4回に1回程度、つまり○を4～5個記しています。

回	1	2	3	4	5	6	7	8	9	10	11	12
歌												
絵　本												
アクティビティ												
アルファベット		○			○			○		○		

　「基本の活動」の①「アルファベット（大文字・小文字）の名前と形に親しむ」②「アルファベットの音に親しむ」をめあてに、学級の取り組み段階に応じて次に示す手順を参考にABCソングやアルファベットジングルに慣れ親しみましょう。また、実態に応じて次項に示す「アルファベットの活動」を取り入れるのもよいでしょう。

○ABCソング：ABCソングは、さまざまな音源があるのでいろいろ挑戦できます。
　（音源例）*Let's Try!*、*We Can!*、らくらくイングリッシュ〈1〉、らくらくイングリッシュ〈2〉

※1　Graded Readers:使用する主要な単語や文法事項、全体の量を制限し、学習者の習熟に応じて段階的に読書することができるように作られた多読用の本。

①歌を聴きながら歌う。
②アルファベット表を1文字ずつ指で押さえながら歌う。
（工夫例）
・決めたアルファベットだけ言わないで歌う。
・アルファベットの文字にカーブがあったら言わないで手をたたく。カーブあり（C、B、Dなど）
　カーブなし（A、E、Fなど）
・小文字を見て歌いながら、文字の高さ（4線の位置）によって、ジェスチャーをつける。
　4線の2段を使う文字（b、d、f、h、k、l…のときは頭に手を置く）
　1段を使う文字（a、c、e、i、m、n、…のときは前で手をたたく）
　しっぽ付の文字（g、j、p、q、…のときはひざをポンと打つ）
・手でアルファベットの形を作りながら歌う。

○アルファベットジングル：動物、食べ物、身の回りの物など、多くの種類があります。
　語彙も増え、アルファベットの名前・音に対する認識も深まります。
　（音源例）*Let's Try!*、*We Can!*、デジタル教材「どうぐばこ」

①音源を聴く。聴こえた表現を出し合う。
②音源をしっかり聴き、言う。
③音源と一緒に言う。
（工夫例）
・アルファベットポスターや個人のアルファベット一覧表を指して言う。
・文字をそら書きしながら言う。
・名前・音・キーワードの役に分かれて言う。
・指導者がランダムにさしたものを一つずつ言う。

　ABCソングやアルファベットジングルの指導は、複数の単元で継続し、十分に慣れ親しむまで取り組む方法（例1）もあれば、5月はABCソング、6月はアルファベットジングル、7月はまたABCソング、というように交代で取り組む方法（例2）もあります。児童の興味が持続しやすいように工夫して取り入れるとよいでしょう。

（例1）アルファベットジングルのみ（番号は、上記枠内の手順）

回	1	2	3	4	5	6	7	8	9	10	11	12
5 月		①			①		①			①		
6 月			②		②			②			②	
7 月		③		③			③			③		

（例2）ABCソング（A）とアルファベットジングル（B）を交代で（番号は、上記枠内の手順）

回	1	2	3	4	5	6	7	8	9	10	11	12
5 月		A①			A①			A①		A①		
6 月			B①		B①			B①			B①	
7 月		A②		A②			A②			A②		

アルファベットの活動

アルファベットの文字と音に慣れ親しむ具体的な活動例を紹介します。

①文字（大文字・小文字各26文字）の名前と形に親しむ。

○ABCソング：前項に記載

○アルファベットジングル：前項に記載

○アルファベット一覧表：アルファベット表のこと。大文字・小文字を別々に使う。

　グループ→ペア→1人など慣れ親しみ度合いに応じて形態を変えて行う。

　●ボンゴゲーム

> ①アルファベットの文字を4つもしくは6つ選び、指を置く。
> ②指導者が言う文字を繰り返して言い、その文字に指を置いていればシートから離していく。
> ③全部の指がシートから離れることができたら"BONGO"と言う。

　●どんじゃんけん

> ①2人で1枚の表を使う。
> ②最初と最後の文字から1文字ずつ言いながら進む。
> ③両者が重なったところでじゃんけんし、負けたら最初にもどる。
> ④最後まで進んだ人の勝ち。

○アルファベットカード：大文字・小文字を別々に使う。

　●順番並べ：ばらばらのカードをペアやグループで並べる。歌いながらしたり、スピードを競ったりする。並べたあとで前から読んだり後ろから読んだりするとよい。

　●かるた：指導者の言ったカードを取る。単語の初頭音で実施してもよい。（apple→aのカードを取る）

　●AISゲーム（七並べの要領）

> ①4〜5人の班に分かれて各自に数枚カードを配布。
> ②あらかじめAISのカードは出しておく。
> ③じゃんけんで勝ったものが順番に手持ちのカードを七並べの要領でアルファベットを順に並べていく。（出せる場所やカードがない場合はパス）
> ④早くカードが無くなったら勝ち。

○アルファベットカード：大文字・小文字を合わせて使う。

　●マッチングゲーム

> ①大文字と小文字のカードを混ぜて、上向きに机の上に広げる。
> ②"Ready? Go!"の合図で、グループで協力しながら大文字と小文字のペアづくりをしていく。
> ③早くペアづくりができたチームが勝ち。

●スラップゲーム

①大文字のカードを揃えて机の真ん中に下向けに置く。その周りに小文字のカードを上に向けて
　広げる。
②じゃんけんして勝った人が一番上の大文字のカードを一枚引いて文字の名前を言う。
③他のメンバーは、聞こえた小文字のカードを取る。

②アルファベットの音に親しむ
○アルファベットジングル（前述）
○ジングルアクティビティ

①小文字カードを広げ、指導者がaと名前読みすれば、2人でキーワードを探し指さして/a//a/
　antという。
②ペアで同じように一人が教師役となり、5回で交代する。
・キーワードなしでもよい。　　S1：B!　　S2：/b//b/（音声のみ）

○はじめの音のなかま集め：指導者が示したアルファベットの音から始まる単語をグループ等でできる
　　　　　　　　　　　　　　だけたくさん見つける。
○同じ音（ちがう音）探し：聞こえてくる三つ程度の単語の初頭音が同じ（違う）ものを選ぶ。
○はじめの音の文字選び：聞こえてくる単語の初頭音を表す文字を選ぶ。

③音をつなぐ（読みの指導）
　→詳しくは、高学年指導案を参照してください。
　・音の聞き分け：単語のはじめの音のちがいを聞く。
　・音の足し算：全員で言う。慣れてきたら一人で言う。
　・ライム（韻）読み：全員で言う。慣れてきたら一人で言う。
　・3文字単語づくり：慣れ親しんだ3文字の単語を作る。
　・簡単な絵本読み：3文字単語を多く含んだ絵本等を読む。
　・歌のなぞり歌い：慣れ親しんだ歌の歌詞をなぞりながら歌う。
　・絵本のなぞり読み：慣れ親しんだ絵本の文章をなぞりながら読む。

（禰宜田陽子）

Classroom English

		低学年	
			指導者 (T)
1	初めのあいさつ	英語の時間を始めます。	Let's start English Time!
		（クラス全体に）おはよう。	Good morning, class.
		（時間帯に応じて）	Good afternoon, class. ／ Hello, class.
		（児童に）おはよう。	Good morning, △△san.
2	歌・チャンツ	ビデオを見ます。	Watch the DVD.
		歌を聞きます。	Listen to the song.
		何が聞こえましたか？	What did you hear?
		歌を歌います。	Sing the song.
		もう一度歌を歌います。	Sing the song again.
		ジェスチャーしながら歌います。	Sing the song with gestures.
		○○の歌を歌います。	Sing "○○"
		私は「△△…」と歌います。	I sing "△△…"
		みんなは「□□…」と歌います。	You sing "□□…."
		動作をして。	Do the actions.
		もっと大きな声で！	Louder!
		もっと大きくジェスチャーしましょう！	Bigger gestures (movements)！
	（2グループで）	グループ2つに分かれます。	Get into two groups.
		（手で示しながら）こちらがグループA。	You are Group A.
		（手で示しながら）こちらがグループB。	You are Group B.
		グループAは「◇◇」と言います。	Group A, say "◇◇."
		グループBは「△△」と言います。	Group B, say "△△."
	（発表）	誰か、やってみたい人はいますか？	Who wants to try?
		○○さん、ここに来て。	○○san, come up here.
		がんばりました。	Good job.
		よくできました。	Well done.
3	フォニックス	ABCジングルを聞いて、言います。	Listen and say the ABC jingle.
		文字を指さして、ABCジングルを言います。	Point to the letter and say the ABC jingle.
		キーワードを言います。	Say the keywords.
		「A」のキーワードは？	A says…?
	（2グループで）	グループ2つに分かれます。	Get into 2 groups.
		グループAは「A/a//a/apple.」と言います。	Group A, say A /a//a/ apple.
		グループBは「B/b//b/bear.」と言います。	Group B, say B /b//b/ bear.
		交代します。	Take turns.
		言うところを代えます。	Change the parts.
		グループBが先に言います。	Group B, you go first.
	（ペアで）	ペアでします。	Work in pairs.
		Aさんは、「A/a//a/apple.」と言います。	Partner A, say the keyword, /a//a/apple.
		Bさんは「B/b//b/bear.」と言います。	Partner B, say the keyword, /b//b/bear.
		言うところを代えます。	Change the parts.
		Bさんが先に言います。	Partner B, you go first.
		（掛け声）準備はいいですか？	Are you ready?
		（掛け声）1、2！	One, two,…

	（個々のジングル）	この文字は何ですか？	What's this letter?
		そうです。Cです。	That's right. C!
		「C」を指さしします。	Point to "C."
		「C」のジングルは？	C says…
		最初の文字は何ですか？	What's the first letter?
		そうです。	That's right.
		キーワードは何ですか？	What's the keyword?
		よくできました。	Very good.
4	絵本	お話しの時間です。	It's Story Time.
		しっかり聞きます。	Listen carefully.
		DVDを見ます。	Watch the DVD.
		私はこのお話しが好きです。	I like this story.
		みんなはこのお話しが好きですか？	Do you like this story?
	（質問する）	これは何の動物ですか？	What animal is this?
		何色ですか？	What color is it?
		この子は何をしていますか？	What is he/she doing?
5	タスク活動	1分あります。	I'll give you 1 minute.
		お友達に話しかけます。	Talk to your friends.
		人数を数えます。	Count 1, 2, 3….
		準備はいいですか？スタート！	Are you ready?　Go!
6	終わりのあいさつ	「Good-bye」の歌を歌います。	Sing the song, "Good-bye."
		これで終わります。	That's all for now.
		がんばりました。	Good job!

中学年		
		指導者 (T)

1	初めのあいさつ	英語の時間を始めます。	Let's start English Time!
		（クラス全体に）おはよう。	Good morning, class.
		（時間帯に応じて）	Good afternoon, class.／Hello, class.
		（児童に）おはよう。	Good morning, △△san.
		今日は何曜日ですか？	What day is it today?
2	歌・チャンツ	歌を聞きます。	Listen to the song.
		何が聞こえましたか？	What did you hear?
		何の動物が聞こえましたか。	What animals did you hear?
		○○の歌を聞きます	Listen to the song "○○."
		もう一度歌を聞きます。	Listen again.
		一緒に歌います。	Sing together.
		一緒に○○の歌を歌います。	Sing "○○" together.
		ジェスチャーしながら歌います。	Sing the song with gestures.
	（歌えるところを歌う）	みなさんは「△△」と言います。	Say "△△."
		最初は、みんなは「□□…」と言います。	First, say "□□…"
		今度は、みんなは「◇◇…」と言います。	This time, say "◇◇…"
		カードを見て、もう一度歌います。	Look at the cards and sing again.
	（2グループで）	私は「△△…」と言います。	I say "△△…."

		みんなは「□□…」と言います。	Everybody, say "□□…"
		2グループに分かれます。	Get into 2 groups.
		グループAは「□□…」と言います。	Group A, say "□□…"
		グループBは「◇◇…」と言います。	Group B, say "◇◇…"
	(ペアで)	ボランティアが1人必要です。	I need a volunteer.
		誰か、やってみたい人はいますか？	Who wants to try?
	(見本)	（歌の歌詞を使って質問する）	Are you sleepy?
		ペアになります。	Make pairs.
		Aさんは、質問します。	Partner A, ask the questions.
		Bさんは、答えを言います。	Partner B, answer.
		準備はいいですか？　始めます。	Are you ready? Go.
		言うところを交代します。	Change parts.
3	フォニックス	ポスターを見ます。	Look at the poster.
		アルファベットには大文字と小文字があります。	There are big ／ large (uppercase) and small (lowercase) alphabet letters.
		この文字は何ですか？	What's this letter?
		ABCの歌を歌います。	Sing "ABC song."
		ボランティアが一人必要です。	I need a volunteer.
		誰か指さししたい人はいますか？	Who wants to point?
		テキストの4ページと5ページを開きます。	Open your textbook to pages 4 and 5.
		指さししながら、ABCの歌を歌います。	Point and sing "ABC song."
		準備はいいですか？	Are you ready?
		もう一度歌います。	Sing the song again.
	(2個ジングル)	DVDを見ます。	Watch the DVD.
		2個ジングルを聞きます。	Listen to the Two-word jingle.
		2個ジングルを聞いて言います。	Listen and say the Two-word jingle.
		2個ジングルを言います。	Say the Two-word jingle.
		キーワードを一緒に言います。	Say the keywords together.
		「A」のキーワードは？	A for…?
		よくできました。	Great.
		「B」のキーワードは？	B for…?
		すばらしい！	Excellent.
	(2グループで)	2グループに分かれます。	Get into 2 groups.
		グループAは1番目のキーワードを言います。	Group A, say the first word.
		グループBは2番目のキーワードを言います。	Group B, say the second one.
		Aのキーワードは？	A for?
		言うところを交代します。	Change parts.
	(ペアで)	ペアでします。	Work in pairs.
		（手をあげて）Aさんの人？	Who's Partner A?
		（手をあげて）Bさんの人？	Who's Partner B?
		Aさんが、先に言います。	Partner A, go first.
	(クイズタイム)	クイズの時間です。	It's Quiz Time.
		これは何ですか？	What's this?
		最初の音は何ですか？	What's the first sound?
		最初の文字は何ですか？	What's the first letter?
		文字を指さしします。	Point to the letter.

		空文字を書きます。	Write in the air.
4	絵本	お話の時間です。	It's Story Time.
		しっかり聞きます。	Listen carefully.
		DVDを見ます。	Watch the DVD.
		次に何が起こるでしょうか？	What will happen next?
		私はこのお話しが好きです。	I like this story.
		みんなはこのお話しが好きですか？	Do you like this story?
		一緒にお話しを読みましょう。	Read the story together.
	（質問する）	この子の名前は何ですか？	What's his/her name?
		この子は何をしていますか？	What is he/she doing?
6	終わりのあいさつ	「Good-bye」の歌を歌います。	Sing the song, "Good-bye."
		これで終わります。	That's all for now.
		がんばりました。	Good job!

高学年			
		指導者 (T)	
1	初めのあいさつ	英語の時間を始めます。	Let's start English Time!
		（クラス全体に）おはよう。	Good morning, class. ／
		（時間帯に応じて）	Good afternoon, class. ／ Hello, class.
2	歌・チャンツ	歌を聞きます。	Listen to the song.
		何が聞こえましたか？	What did you hear?
		○○の歌を聞きます。	Listen to the song "○○."
		もう一度歌を聞きます。	Listen again.
		よく聞きます。	Listen carefully.
		一緒に歌います。	Sing together.
		一緒に○○の歌を歌います。	Sing "○○" together.
		「△△」のジェスチャーは？	What's the gesture for "△△?"
		ジェスチャーしながら歌います。	Sing the song with gestures.
	（歌えるところを歌う）	みなさんは「△△」と言います。	Say "△△."
		最初は、みんなは「□□…」と言います。	First, say "□□…"
		今度は、みんなは「◇◇…」と言います。	This time, say "◇◇…"
	（2グループで）	2グループに分かれます。	Get into 2 groups.
		グループAは「□□…」のところを歌います。	Group A, sing "□□…"
		グループBは「◇◇…」のところを歌います。	Group B, sing "◇◇…"
		言うところを交代します。	Change parts.
3	フォニックス	テキストの4ページと5ページを開きます。	Open your textbook to pages 4 and 5.
		指さししながら、ABCの歌を歌います。	Point and sing "ABC song."
		準備はいいですか？	Are you ready?
		もう一度歌います。	Sing the song again.
	（3個ジングル）	DVDを見ます。	Watch the DVD.
		3個ジングルを聞きます。	Listen to the Three-word jingle.
		3個ジングルを聞いて言います。	Listen and say the Three-word jingle.
		3個ジングルを言います。	Say the Three-word jingle.
		キーワードを一緒に言います。	Say the keywords together.
		「A」のキーワードは？	A for…?

	(3グループで)	よくできました。	Great.
		「B」のキーワードは？	B for…?
		すばらしい！	Excellent.
		3グループに分かれます。	Get into 3 groups.
		グループAは1番目のキーワードを言います。	Group A, say the first word.
		グループBは2番目のキーワードを言います。	Group B, say the second one.
		グループCは3番目のキーワードを言います。	Group C, say the third one.
		Aのキーワードは？	A for?
		言うところを交代します。	Change parts.
	(クイズタイム)	クイズの時間です。	It's Quiz Time.
		これは何ですか？	What's this?
		最初の音はなんですか？	What's the first sound?
		最初の文字は何ですか？	What's the first letter?
		文字を指さしします。	Point to the letter.
		空文字を書きます。	Write in the air.
4	絵本	お話しの時間です。	It's Story Time.
		しっかり聞きます。	Listen carefully.
		DVDを見ます。	Watch the DVD.
		次に何が起こるでしょうか？	What will happen next?
		私はこのお話しが好きです。	I like this story.
		みんなはこのお話しが好きですか？	Do you like this story?
		読めるところを一緒に読みます。	Can you read with me?
		準備はいいですか？ 1、2…	Are you ready? One, two…
	(質問する)	この子の名前は何ですか？	What's his/her name?
		この子は何をしていますか？	What is he/she doing?
		これは何ですか？	What's this?
	(ペア読み)	ペアになります。	Make pairs.
		一緒に読みます。	Read together.
		（一列ごとに示しながらA、Bと決める）	This line, you are A, B, A, B….
		Aさんはこのページを読みます。	Partner A, read this page.
		Bさんは次のページを読みます。	Partner B, read this page.
		交代しながら読みます。	Take turns to read each page.
		読み終わったら、相手をほめます。	After your partner finishes reading, say "Good job!"
		準備はいいですか？始めます。	Are you ready? Go!
		では、本を交換します。	Now, exchange your books.
		交代しながら読みます。	Take turns to read each page.
6	終わりのあいさつ	これで終わります。	That's all for now.
		がんばりました。	Good job!

ほめことば			
			指導者 (T)
1	ほめる	いいですね。	OK!
		上手です。	Good!
		とても上手です。	Very good!

－40－

		よくがんばりました。	Good job!
		よくできました。	Well done!
		すばらしいです。	Great!
		パーフェクトです。	Perfect!
		わぉ。	Wow!
		すばらしいです。	Wonderful!
		とてもすばらしいです。	Excellent!
		よくできました。	Way to go!
		とてもよくできて、うれしいです。	I'm so proud of you.
		彼（彼女）に大きな拍手をしましょう。	Let's give him（her）a big hand!
2	解答をほめる	正解です。	That's correct.
		そのほうがいいです。（最初間違えて、2回目の時）	That's better!
		その方がずっといいです。（同上）	That's much better.
3	提案してくれたとき	いいアイディアです。	Good idea!
		おもしろいです。	Interesting!
4	はげます	もっと大きな声で！	Louder!
		もっと大きくジェスチャーしましょう！	Bigger gestures（actions）！
		おしいです。	Close!（発音注意。最後のsは無音声／s／）
		もうちょっとでした。	Almost!
		よくがんばりました。	Good try!
		よくがんばりました。	Nice try!
		もう一度、挑戦しましょう。	Try again!
		がんばって！／やればできます。	You can do it!
		もう少しがんばりましょう。	Try harder!
		時間をかけていいですよ。	Take your time.
		あきらめないで。	Don't give up.
		気にしないで。	Don't worry.
		気にしないで。	Never mind.
		リラックスして。	Relax.
		大丈夫です。よくがんばりました。	It's OK, you did your best!
5	集中させる	注目します。	Attention, please.
		（座っているとき）姿勢を正します。	Sit up straight.
		（立っているとき）姿勢を正します。	Stand up straight.
		気をつけてください。	Be careful.

（栗栖浩子）

第3部 低学年の活動例

1 あいさつをしよう

この単元では、その日初めて会った人にあいさつをするときの表現に慣れ親しみます。児童はCDやDVDを視聴し「あいさつをするときの表現」を学びながら進めるとよいでしょう。単元の最後には、学んだ表現を使いあいさつゲームをすると楽しいでしょう。

単元目標　○英語でのあいさつのしかたを知る。**(知・技)**
　　　　　　○学んだ表現を使って先生や友達とあいさつをする。**(思・判・表)**
　　　　　　○英語の歌や絵本に興味をもって聴こうとしている。**(学・人)**

表現　Hello. How are you? I'm fine, thank you. I feel so good.

活動内容

教材名	活動内容 (例)
[歌A] Hi. How Are You?	①視聴し聞こえた表現を出し合う。歌えるところを歌う。 ②Hi, How are you? や I'm fine, thank you. などの部分に動作をつけて指導者が歌い、そのあとを児童が歌う。 ③児童が先に歌い、指導者があとから歌う。グループA・Bに分かれて歌う。
[歌B] Hello Song	①指導者の動作を見ながら聞く。聞こえた表現を出し合う。 ②歌えるところを歌う。動作をつけながら歌う。 ③指導者と児童でパートに分かれて歌う。
[絵本] *Pal the Parrot*	①指導者は絵本をBobとParrotの声色で読み聞かせる。 ②繰り返し表現の箇所を児童が繰り返す。 ③指導者が児童に言わせたい箇所で止め、児童が言う。

単元計画

回	1	2 (本時)	3	4	5	6	7	8	9	10	11	12
歌	A①	A②	A②	A②	A③	A③	B①	B②	B②	B②	B③	B③
絵　本			①	②		②	③		③	③		
アクティビティ						☆A						☆B
アルファベット	○	○			○			○			○	○

—44—

教材

［歌A］"Hi, How Are You?"

（音源：CD『歌って覚えるらくらくイングリシュ2』、成美堂、2008年）

〈歌詞〉Hi, how are you? I'm fine, thank you. Hi, how are you? I feel so good. Why don't you sing and dance with me? Why don't you sing and dance with me?

　　　［その他の語彙］How do you do? Nice to meet you. My name is Ken. I'm from Kyoto.

〈概要〉【森のくまさん】の曲に合わせて、「やぁ、元気？」「元気だよ、ありがとう」とあいさつをしたり、「僕の名前は…」「○○出身だよ」と自己紹介をしたりする曲です。十分に慣れたら自分のことに置き替えて歌ってみましょう。

ここで ワン ポイント！

★お友だちとペアになってお互いに向き合い、動作をつけて歌うなど工夫するとよいでしょう。
T：Work in pairs. (Make pairs.) Face each other! Sing and do actions!
　お友だちを代えて歌うのも楽しいです。歌に慣れたら、基本のあいさつとして指導者と児童、あるいは児童同士であいさつをする習慣がつけられますね。

［歌B］"Hello Song"

（音源：*Let's Try! 1* Unit 2 Let's Sing、文部科学省デジタル教材）

〈歌詞〉Hello. Hello. Hello, how are you? I'm good. I'm good. I'm good, thank you. And you?

〈概要〉基本的なあいさつ。"I'm fine, thank you."と違って"I'm good, thank you."と言うことも自然に学べます。"And you?"と言えば相手に聞き返すことが出来ます。

ここで ワン ポイント！

★音と意味を結びつけるのに、ジェスチャーは大切です。指導者とクラスのみんなとジェスチャーを一緒に考えてクラスのオリジナルなあいさつを作っても楽しいですね。いろいろなHello Songを歌ってみてください。

［絵本］"*Pal The Parrot*（Apricot）ナレーション・巻末ソングCD付"

〈概要〉新しいペットを飼いだしたBobとそのオウムのペットとのやりとりがとても面白いお話。"I am Bob."とBobが言うと、オウムもまねをして"I am Bob."と繰り返す。"You are my pet."と言って聞かせても"You are my pet."とBobに言うオウム。ときどき、きらいになるけど、本当は仲良しな2人。やりとりの楽しさに思わず笑ってしまいます。

〔実際の会話の例〕

　　　Hello. My name is Bob.（こんにちは。僕はBobだよ）I have a new parrot.（新しいオウムを飼っています）He is very cute.（とてもかわいいです）When I say, "Good morning" to him, he says, "Good morning" to me.（僕が「おはよう」って言ったら、「おはよう」って言ってくれる）…中略 "Well, sometimes, I don't like Bob."（ときどき僕はBob（オウム）のことがきらいになる）"I don't like Bob."（僕はBobがきらいだ）

- ★繰り返せる部分"My name is Bob." "My name is Bob."のフレーズでは、児童たちは指導者のあとに同じフレーズを繰り返すことができます。「オウムのまね」をしながらかけあいを楽しみましょう。
- ★繰り返しを楽しんでいる間に児童はフレーズごと表現が言えるようになります。歌の中で出てきた表現もあるので、聞いたことのあるフレーズに親しみながら一緒に言ってみましょう。

アクティビティA   "Hi. How are you?"（森のくまさん）

○何度も歌った歌を使って輪唱をしてみましょう。

Team A：Hi, how are you?　　　Team B：Hi, how are you?

Team A：I'm fine, thank you.　　Team B：I'm fine, thank you.

Team A：Hi, how are you?　　　Team B：Hi, how are you?

Team A：I feel so good.　　　　Team B：I feel so good.

Team A & B：Why don't you sing and dance with me?
　　　　　　Why don't you sing and dance with me?

アクティビティB   "Hello Song" Talk to Three（3人にごあいさつ）

○慣れ親しんだあいさつのフレーズを使って3人の人にあいさつをする。
　終わった人から席にもどる。

T：Hello. How are you?　　　S：I'm good, thank you. And you?

T：Please stand up. Find a partner. Greet each other. Let's start!

本時の展開例（2回目／全12回）

	○学習活動	指示・声かけ
あいさつ	【Greeting】30秒 ○全体にあいさつする。	T：Let's start English Time! T：Good morning, class! S：Good morning, ◇◇sensei.
歌	【Songs & Chants】5分 ○前回の復習で歌を聴く。 ○指導者が動作をつけて歌う。 ○動作をつけながら指導者のあとを児童が 　歌う。	T：Please listen to the song. T：Listen carefully and watch me. 　I'll sing the song and do the action. T：Please sing the song and do the action with me.
	【アルファベット】4分 ○ABC Songを聴く。 ○指導者はボードに貼ってあるアルファ 　ベット一覧表を押さえながら一緒に歌う。	T：Please listen to the ABC Song. T：Listen carefully. T：Please sing the song. 　I'll point to the alphabet.
あいさつ	【Greeting】30秒 ○Good-byeを歌う。 ○終わりのあいさつ。	T：Sing the song, "Good-bye." T：That's all for now. S：Thank you, ◇◇sensei. T：Good job!

単元の評価の観点・方法（例）

あいさつの表現を使い、友達とやりとりをしている。（思・判・表）
行動観察、パフォーマンス評価、など

児童の振り返り（例）

Q 友達と英語であいさつできますか？
◇まだむずかしい　　○せんせいやともだちのまねをしてなら言える
◎ゆっくりと言われたらわかる　　☆かんぺきだよ！

教室より

"Pal the Parrot" の絵本は繰り返しが多いので、児童はすぐにオウムのパートを言えるようになりました。指導者が感情を込めてセリフを言うと、児童も同じように感情を込めて英語で返してくれます。児童がまるでオウムになったようで楽しい活動となりました。

（小椋由季）

2 アルファベットであそぼう

低学年が初めて英語の文字に出合う単元です。最初は十分に音に触れさせ、さらにポスターやABCチャートなどの教材を使って視覚的にも文字を認識するようにします。文字の認識は個人差が大きいので、じっくりと時間をかけてすべての児童が安心して取り組めるようにしましょう。

単元目標　○アルファベットの形や名称読みに慣れ親しむ。**（知・技）**
　　　　　　　○アルファベットの名称読みを聞き、その形を認識する。**（知・技）**
　　　　　　　○アルファベットの形をみて、その名称読みや音と結びつけようとする。**（思・判・表）**

表現　アルファベットの大文字・小文字A ～ Z, a ～ z

活動内容

教材名	活動内容（例）
[歌] ABCソング1　2	①音声を何度か繰り返し聴く。視聴する。 ②ポスターを掲示し、指導者がさし棒で示し、一緒に歌う。 ③音楽なしでさされた文字にそって歌う。
[絵本] *Chicka Chicka Boom Boom*	①絵本の中で出てくるアルファベットの文字を示しながら読み聞かせをする。 ②What's this? とアルファベットの名称を問いかけながら読み進める。
[アクティビティA] さかさまソングに挑戦	①アルファベット順にAからZまで歌ったあと、指導者がさすZからAまでをみんなで一緒に歌う。 ②ペアになってチャートを指さしながらアルファベットソングをZから逆に歌う。
[アクティビティB] クラッピングゲーム	①ポスターあるいは掲示されたカードの順にアルファベットを言う。 ②指導者が5つの文字を裏返す、あるいはマグネットを置き、そこに当てはまる文字は言わないで手をたたく（クラップ）。（歌を歌ってもよい） ③二人の間にアルファベットのチャートを置く（またはアルファベットカードを並べる）。指導者の言ったアルファベットを二人で協力して探し、指さす。

−48−

単元計画

回	1	2	3	4	5	6	7	8	9	10 (本時)	11	12
歌	①	①	②	②	②	②	③	③	③	③	③	③
絵 本	①	①	①								②	②
アクティビティA				①	②	②				②		
アクティビティB							①	①	②	②	③	

教材

[歌] アルファベットソング

（音源：文部科学省　デジタル教材 *Let's Try! 1・2* など　CD『歌って覚えるらくらくイングリッシュ2』成美堂、2008年）

〈概要〉AからZまで、アルファベットの名称読みがメロディに乗せて流れるものであればなんでも使えます。

「アルプス一万尺」あるいは「ロンドン橋」のような、なじみのある曲に合わせて歌ってもよいでしょう。

ここでワンポイント！

★最初はゆっくり歌い、しっかり名称読みが聞き取れて言えるようになれば、順番に歌う速さを調節します。

★アルファベットチャートをクラスの人数の半数分をラミネート加工などして準備しておくと、ペア活動として活用することができます。

★低学年で文字を導入する場合は、拙速に言わせたり、あるいは書かせたりはしないようにしましょう。活動も、個々の児童に負荷をかけるのではなく、友達と一緒に言えた、先生とならわかった、というはしごをかけての指導を心がけます。ポスターなどを使い文字の形を十分に認識させることが大事です。「身体を使って、文字を表してみよう」といった活動も低学年の児童は喜んで取り組みます。「先生の言うアルファベットを身体で表してみよう」という活動もしてみましょう。

[絵本] *"Chicka Chicka Boom Boom"*

（Bill Martin & John Archambault著、Lois Ehlertイラスト、LITTLE SIMON、2010年）

〈概要〉児童に絵本が見える状態にして（指導者が椅子に座り、児童はその前に集まる、またはOHCのような機器を使って投影する）、絵本の読み聞かせを行う。ここでは、絵の中にちりばめられたアルファベットの文字に気づかせ、日本語と異なる音声に慣れ親しむことを目的としているので、最初から全部を一気に読み聞かせる必要はない。カラフルな絵を楽しみながら、ページごとに示して、児童が文字を見つけたらほめながら読み進める。

（例）　S：B, B.（本の中にある文字を見つけて指さしながら）

　　　　T：That's right. It's B. Good job! What else? Do you see any other letters?

アクティビティA　　さかさまソングに挑戦

・児童全員が見えるような大きさのアルファベットチャートを黒板に貼る。（あるいは、各自、1
　枚ずつワークシートを準備する。）
　（文部科学省デジタル教材 *We Can! 1・2* Alphabet Jingle p.76参照）
・指導者がさす文字の順番にアルファベットをAからZまで歌う。または、自分で指で押さえな
　がら歌う。
・同じメロディで、Zから反対に歌いながら指さす。
　その際は、速度を調整し、全員が活動に参加しているかを確認しながら進める。指導者が、一
　枚ずつカードをZから順に示しながら歌ってもよい。
・カードを黒板にランダムに並べてそれを歌う。

アクティビティB　　クラッピングゲーム（手をたたこう）

・児童全員が見えるような大きさのアルファベットチャートを黒板に貼る。
　（文部科学省デジタル教材 *Hi, friends! Plus* ワークシート②-1, 2, 3大文字 ⑤-1, 2, 3小文字 ⑧
　名前参照）
　指導者がそのうちの5つの文字を選び、それをマグネットやカードで隠す。全員で順番に言う、
　あるいはアルファベットソングを歌うように指示し、隠れた文字は言わないで、手を一回たた
　くようにする。
・各ペアにカードが1組あれば、二人でアルファベット順にカードを並べてから、好きなカード
　5枚を裏返す。クラス全員で一緒にアルファベットを言うようにする。手をたたく場所がそれ
　ぞれに違うのでリズム遊びのようで楽しめる。

本時の展開例（10回目／全12回）

	○学習活動　・留意点	指示・声かけ
あいさつ	[Greeting] 30秒 ○全体にあいさつする。	T：Let's start English Time! T：Good morning, class! S：Good morning, ◇◇sensei.
歌	[song] 4分 ○アルファベットソングを歌う。 　2度目は文字を示しながら、音楽なしで歌う。	T：Let's sing a song. T：Can you sing along?
アクティビティ	[Activity A] 2分 ○さかさまソングに挑戦 ・ペアになって26文字のアルファベットを指さしながらZから逆に歌う。	T：Let's sing ABC song backward. Just like ZYX♪（最初を歌って見せる）in pairs. You point to the letter as you sing.
	[Activity B] 3分 ○クラッピングゲーム ・黒板に貼ったアルファベットカードの中から、指導者が任意に選んだ文字にマグネットを置き文字を一部隠す。 ・その状態でアルファベットを全員で言いながらマグネットが置かれた文字では手をたたく。 ・スピードを調整しながら、何度か言ってみる。逆から言ってもよい。	T：I put magnets on ABC cards. Please say the alphabets but don't say the one with the magnet. Just clap your hands. Are you ready?
あいさつ	[Greeting] 30秒 ○終わりのあいさつ。	T：That's all for now. S：Thank you, ◇◇sensei. T：Good job!

単元の評価の観点・方法（例）　アルファベットの名称読みを聞きその形を認識する。（知・技）
　　　　　　　　　　　　　　　行動観察、先生の個別確認、振り返りシート

児童の振り返り（例）　Q 先生の言う英語のアルファベットがどれかわかりますか？
　　　　　　　　　　　◇まだむずかしい　　○ゆっくりなら（友達と一緒なら・絵を見れば）
　　　　　　　　　　　◎ぜんぶわかる　　　☆すぐにぜんぶわかる

アルファベットの歌が大好きで、身のまわりで見かけるアルファベットに気がつき、「先生　Tがあった」などと口にする児童が増えてきました。

（田縁眞弓）

3 色であそぼう

この単元では、色の名前を学び、カタカナと英語との音の違いに気づかせながら、色の表現に慣れ親しみます。歌やチャンツなどの音源を何度も繰り返し聞かせるようにしましょう。教室や周りにある色に触れたりしながら、英語を言ったりできるように進めるとよいでしょう。

単元目標 ○色を表す英語に慣れ親しむ。**(知・技)**
○色を表す英語を使ってやり取りをする。**(思・判・表)**
○英語の歌や絵本に興味をもって聴こうとしている。**(学・人)**

表現 Colors (red, yellow, pink, green, purple, orange, blue), I like ～ . How about you?
Do you like (blue) ? Yes, I do./ No. I don't. I don't like (blue) .

活動内容

教材名	活動内容 (例)
[歌A] The Rainbow Song	①視聴し、聞こえた色の英語を出し合う。 ②聞こえた英語と色を合わせて、指さしながら歌えるところを歌う。 ③好きな色を選んで、I like ～ .の表現を使って言ってみる。
[歌B] Colors I like	①視聴し、聞こえた英語を出し合う。 ②歌えるところを一緒に歌う、最初の音を意識しながら歌う。 ③How about you? は、相手の答えを促すようなジェスチャーをする。
[絵本] *Pete the Cat—* *I Love My White Shoes*	①指導者は、表紙を見せてどんな動物か、何色かなどを尋ねたりする。 例：What animal is this?　What color is it? ②読み聞かせをしながら、ねこの名前 (Pete) を尋ねるなど、想像力を高めながら児童とやり取りをする。 例：What's his name? ③繰り返し出てくる表現 "I love my white shoes♪" は歌になっているので、一緒に口ずさんで楽しむようにする。URL (www.harpercollinschildrens.com/petethecat) で読み聞かせをしている音声をダウンロードすることができる。 ④"I love my white shoes♪" の歌の部分は色を指したり、ジェスチャーをつけたりして楽しく歌う。

—52—

単元計画

回	1	2	3 (本時)	4	5	6	7	8	9	10	11	12
歌	A①	A②	A②	A③	A③	B①	B②	B②	B②	B③	B③	B③
絵　本		①	③		②		②		③	④		
アクティビティ			☆									☆
アルファベット	○	○		○		○		○			○	

教材

[歌A] "The Rainbow Song"

（音源：*Let's Try! 1*、Unit 4 I like blue. pp.14-15など）

〈歌詞〉Red and yellow and pink and blue, purple and orange and green.（…続く）

〈概要〉色カードを用意して、指さしながら歌うことで、自然に英語の意味を知ることができます。
Let's chant! の "I like blue." の3色（red, pink, blue）で練習します。慣れてきたらこの歌にでてくる7色に増やしてみましょう。

ここで ワン ポイント！

★教室にあるものを使ってカラータッチングゲーム。T：Touch something red! 児童は "Red!" と言いながら赤い物にタッチします。慣れてきたら児童にも先生役をやってもらいましょう。

★色の名前が言えるようになったら、お友だちとペア（または小さいグループ）になって向き合い、I like〜.の表現をチャンツのリズムで言うなどの工夫をするとよいでしょう。T：Work in pairs. (Make pairs.) Say what color you like. *Let's Try! 1* のLet's Chant!のI like blue.を参考にしてたくさん練習しましょう。3人の友だちと話す活動 Talk to three などの「アクティビティ」が円滑に進められるようになります。

例：Hello. I like red.（色を指しながら）

[歌B] "Colors I Like"

（音源：DVD『Superstar Songs 1 DVD 目と耳で歌って覚える英語シリーズ』mpi、2011年など）

〈歌詞〉Red, red, I like red. Red is for apples. Red, red, r-r-red. I like red. How about you?

〈概要〉歌に出てくるものはred apples, pink peaches, yellow bananas, green melons, the blue sky, grape juiceで、歌はRain, rain, go awayのメロディです。この歌は初頭音を少しだけ意識しながら音を楽しみながら覚えるようにしましょう。

—53—

ここで ワン ポイント！

★ 最初はしっかり聞いて、何色が出てきたかを尋ねます。DVDに出てくる画像、CDを使う場合は絵カードや写真などを指さしながら歌いましょう。鮮やかな色（red, pink, yellow, green, blue, purple）やI like 〜. How about you? のフレーズが繰り返し出てきますので、慣れてきたらジェスチャーをつけて歌ってみましょう。

★ グループ、または1列、またはペアになって向き合い、I like 〜. How about you? の表現で会話のやり取りを楽しみましょう。列ごとで活動する場合は最後の人が一番前のお友達とやり取りして終了になります。

[絵本] *"Pete the Cat -I Love My White Shoes"*

（Eric Litwin著、James Dean クリエイター、2014年）

【絵本の表紙にあるURL（www.harpercollinschildrens.com/petethecat）で読み聞かせのDownload可】

〈概要〉ねこのPete（ピート）が白いスニーカーを履いて、「僕の白い靴、大好きだ〜！」とお気に入りの歌を歌います。いろんな色に変わっていくスニーカー、どんな色になるのかを想像しながらお話しを楽しみます。

ここで ワン ポイント！

★ 何かを踏むたびに、スニーカーの色が変わります。次はどんな色になるか想像させながら、進めましょう。また、他の色のスニーカーを想像させるなど、児童の創造力を高めながら進めましょう。

★ "I Love My White Shoes 〜 !" の繰り返しの部分は、毎回スニーカーの色が変わるたびに歌います、音源をダウンロードして一緒に歌を楽しむとよいでしょう。簡単なメロディなのですぐに覚えられます。

アクティビティ "Color Touching Game"

【ルール】聞こえた英語が何色なのか、覚えた色の名前を活動に取り入れて、お互いに助け合いながら楽しく学ぶことができる。先生の言う色の名前を聞いて、教室の中にある色や身につけている色を触る。その時、色の名前を英語で言いながら触るようにするとよい。また、慣れてきたら、児童に先生役をお願いするなどの工夫をするとよい。

【これを言えれば！】

・Let's play "Color Touching Game!"

・When I say "Touch something red!" touch a red thing and say the color, "Red!"
（児童には、実際に赤いものを触りながら "Red!" と言うように促す）

・Are you ready? Touch something blue! （児童が "Blue!" と言う。）Good job!

・Who wants to be a teacher? （慣れてきたら児童に先生役をしてもらう）

・You can say, "Touch something… (the color) ."

○教室の物に色が少ないときは、身につけている色や自分のテキストなどにある色を指さしたりして、いくつかお手本をみせてから始めるとよいでしょう。

○その他の教材：『歌って覚えるらくらくイングリッシュ1』（2008、成美堂）の "I Like Blue" は、銀と金を含む12色が学べる歌で、中学年や高学年にも適しています。

—54—

本時の展開例（3回目／全12回）

	○学習活動	指示・声かけ
あいさつ	**[Greeting] 30秒** ○全体にあいさつする。	T：Let's start English Time! T：Good morning, class! S：Good morning, ◇◇sensei.
歌	**[Songs & Chants] 2分** ○The Rainbow Songを歌う。 ②色カードを指さしながら歌うように促す。 ○順番を変えて色の名前を尋ねる。	T：Sing the song and point to the color. T：What color is this? S：Blue!
アクティビティ	**[Color Touching Game] 3分** ○色の名前を聞いて教室にあるものに触れる。	T：Touch something "blue"!（指導者は青色のものを触ってみせる） S：Blue!（児童もまねて青色のものを触る） T：Good job!
絵本	**[Book] 4分** ○Pete the Cat -I Love My White Shoesを聞く。 ③"I love my～"の部分の歌は、一緒に口ずさんで楽しむ。	T：It's Story Time! 　Do you remember the title? S：Pete the Cat. T：Good! Now, listen carefully. T：Sing the song, one two! S：I love my white shoes～♪
あいさつ	**[Greeting] 30秒** ○Good-byeを歌う。 ○終わりのあいさつ。	T：Sing the song, "Good-bye." T：That's all for now. S：Thank you, ◇◇sensei. T：Good job!

単元の評価の観点・方法（例）　色を表す英語を使ってやり取りをする。（思・判・表）
　　　　　　　　　　　　　　　　行動観察、振り返りシート

児童の振り返り（例）　Q 英語で好きな色の名前が言えますか？
　　　　　　　　　　　◇まだむずかしい　　　○ともだちといっしょならいえる
　　　　　　　　　　　◎ぜんぶいえる　　　　☆すぐにぜんぶいえる

DVD教材は、お昼休みなどの隙間時間を利用して視聴することで、使用頻度が増えました。英語に触れる機会が多くなり、児童は歌が上手に歌えるようになってとてもうれしそう。休み時間にも大きな声で元気に歌っています。

（星原光江）

4 形であそぼう

この単元では、たくさんの形の名前に慣れ親しみます。音と意味を理解させるのに、日本語で長く説明はせずに、楽しい歌やチャンツなどの音源を何度も繰り返し聞かせることで類推させます。形を描いたり、指で作ったりしながら多知能を使い、進めるとよいでしょう。

単元目標　○形を表す英語に慣れ親しむ。**(知・技)**
　　　　　　　○形を表す英語を使ったやり取りをする。**(思・判・表)**
　　　　　　　○英語の歌や絵本に興味をもって聴こうとしている。**(学・人)**

表現　Shapes (circle, square, triangle, star, heart, rectangle, cube, oval, diamond)
　　　　What shape do you like best? What do you want? A star, please.

活動内容

教材名	活動内容 (例)
[歌A] What do you want?	①Let's Chantsを視聴し、聞こえたことばや表現を出し合う。 ②What do you want? のフレーズは、繰り返し出てくる表現なので、音源と一緒に言いながらチャンツを楽しむとよい。 ③What do you want? A star, please. などのやり取りの表現を使って、活動の中で形の名前を楽しみながらおぼえる。
[歌B] Shapes	①音源を聴いて、聞こえたことばや表現を出し合う。 ②どんな形がでてきたか (9種類) を尋ね、その形のイラストを黒板に描く。 ③聞こえた英語と形を合わせ、指さししながら言ったり、歌ったりする。 ④指で形をつくり、グループやペアでその形を英語で尋ねあう。
[絵本] *A Trip to Grandma's House*	①指導者は表紙に見える形を尋ねたり、形の色を尋ねたりする。 ②いろいろな形を組み合わせたらどんなものが出来るか、想像しながらお話を聞く。(CD付きの絵本なので音源を利用することができる、DVDも有) ③繰り返し出てくる表現は一緒に言うようにする。 ④グループで形を組み合わせて車や橋などを作り、紹介し合う。

単元計画

回	1 (本時)	2	3	4	5	6	7	8	9	10	11	12
歌	A①	A②	A②	A③	A③	B①	B②	B③	B③	B④	B④	B④
絵　本	①	①	②		③		④		③	④		④
アクティビティ				☆							☆	
アルファベット		○	○		○	○		○		○		○

—56—

教材

[歌A] "What do you want?"

（音源：*Let's Try! 1* pp.26-27、文部科学省デジタル教材：Let's Chants! p.27）

〈歌詞〉What do you want? A red triangle, please.

〈概要〉3種類（triangle, square, circle）の形と、何が欲しいかを尋ねたり答えたりする表現。
What do you want? A red triangle, please. などのやり取りが学べます。

ここで ワンポイント！

★第1回目は丁寧に進めるようにしましょう。最初は音源をしっかり聞いて、どんな形が出てきたか、聞
こえてきたことばを尋ねます。指導者はそのイラストを黒板に描いて示します（絵カードでもよい）。基
本の3つの形をチャンツでしっかり覚えるようにします。

★手で作った形をお友だちに見せてWhat's this? と尋ねたり、A triangle! と答えたり、ペアやグループでク
イズを出し合いましょう。

[歌B] "Shapes"

（音源：CD『歌っておぼえるらくらくイングリッシュ2』成美堂、2008年）

〈歌詞〉Circle, square, triangle. Star, heart, rectangle. Cube, oval, diamond. What shape do you
like best? I like squares. Stars. Cubes. Ovals. Hearts. Rectangles.

〈概要〉9種類の形が出てくる歌で、「一番好きな形は何ですか？」の問いかけと答え方が歌詞に含まれ
ています。聞こえた形を思い浮かべながら歌えるように練習すると効果的です。

ここで ワンポイント！

★どんな形があったかを発表させて、イラストを黒板に描いてみましょう（絵カードを黒板に貼ってもよい）。
黒板に形を掲示して形と音を意識しながら歌います。イラストを描く代わりに色紙や折り紙などで形を
作り、実物を提示してもよいでしょう。手で形をつくりながら、歌うとより楽しいでしょう。

★歌にでてくる形を教室にあるものから、探し出して触るなど、身のまわりの形に興味を持たせるように
するとよいでしょう。

[絵本] "A Trip to Gramma's House（英語絵本とmpiオリジナルCDセット、DVD有）"

（Patricia Daly Oe and Mari Nakamura 著、Chiiko Watanabeイラスト、mpi、2016年）

〈概要〉くまの家族がおばあさんの家に遊びに行きます。おばあさんの家まで無事にたどりつけるよう
に、道中いろんな「形」たちが協力し合って助けてくれます。リズムよく繰り返したり、韻を踏
んだり、英語の音も楽しめます。

〈形の例〉circle（まる）／ triangle（さんかく）／ rectangle（ながしかく）／ square（しかく）

ここで ワンポイント！

★"Oh no!" や "Circles, triangles, rectangles and squares." の繰り返しの部分は一緒に言うとよいでしょう。

★"What can we do for the bears?" のフレーズは、児童たちがくまの家族を助ける役Shapes（形たち）になり
きって、そのジェスチャーをしながらお話を楽しみましょう。

—57—

アクティビティ "Coloring Shapes" "Pointing Game" など

【ルール】聞こえた英語がどんな形なのか、覚えた形の名前を活動に取り入れることで、仲間同士で助け合いながら楽しく学ぶことができる。やり取りはグループやペアになって行うとよい。ワークシートも活用してみましょう。

○ワークシートを見せてWhat do you want?と尋ねる。

A yellow triangle, please! と言われたら、相手のワークシートの三角の形を1つ選んで黄色を塗り、Here you are! と言って渡す。

【これを言えば！】
- Let's color the shapes!
- Work in groups (pairs)! Use colored pencils.

S1：What do you want?
S2：A yellow star, please.
S1：(starに黄色を塗って) Here you are.

○色塗りが完成したら、ポインティングゲームなどが出来る。

S1：What shape is this?（1つの形を指さして）
S2：A blue circle!

○ワークシートを使わずに、おりがみを使って、いろいろな形を繋ぎ合わせてhouse, shipなど、いろいろな物を作ることもできる。

*Let's Try! 1*のUnit 7：This is for you. の単元に合わせて、ほしい物を言う活動や絵本のお話の発展としての活動にもなる。

○ワークシート無しで、ペア活動する場合、白無地の紙にほしい形を描いて、相手に渡すだけでも効果的な活動になる。児童が楽しく英語を話せるような活動を工夫するとよい。

○エリック・カールの有名な絵本 "Draw Me a Star" では、一風変わった、複雑な星の描き方が学べる。この本から、星の話題につなげて七夕やクリスマスなど、星が主役になる季節の話題に発展させることもできる。

〔ワークシートの例〕

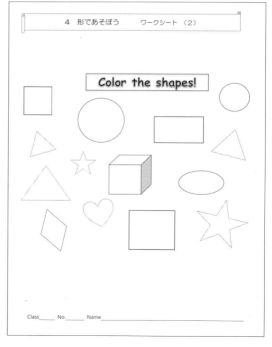

本時の展開例（1回目／全12回）

	○学習活動　・留意点	指示・声かけ
あいさつ	**【Greeting】30秒** ○全体にあいさつする。	T：Let's start English Time! T：Good morning, class! S：Good morning, ◇◇sensei.
歌	**【Songs & Chants】4分** ○Let's Chants "What do you want?" を視聴する。 ①聞こえたことばや表現を尋ねる。 ②出てきた形を黒板に描く（絵カードを貼る）。 　・形を指さしながら言うように促す。	T：Let's chant and point to the shape. T：What shape is this? S：Circle! T：Good job!
絵本	**【Book】5分** ①指導者は表紙を見せて、どんな形が見えるかを尋ねたり、形の色を尋ねたりする。 ○*A Trip to Gramma's House* のお話を聞く。	T：It's Story Time! 　 What do you see? 　 What shape is this? S：Circle! T：Yes! It's a circle. 　 What color is this? S：Red! T：Good! It's a red circle. Now, please listen to the story.
あいさつ	**【Greeting】30秒** ○Good-byeを歌う。 ○終わりのあいさつ。	T：Let's sing the song, "Good-bye." T：That's all for now. S：Thank you, ◇◇sensei. T：Good job!

単元の評価の観点・方法（例）　色と形を表す英語を使ってやり取りをする。**（思・判・表）**
行動観察、ペア活動、振り返りシート

児童の振り返り（例）　**Q** 英語で好きな色や形を友達と伝えあいができますか？
◇まだむずかしい　　　○色の名前だけいえる、形は2つくらいならいえる
◎色も形もいえる　　　☆色や形をたずねたり答えたりできる

教室より

らくらくイングリッシュのShapesの9つの形は、最初は低学年には難しいと思ったのですが、児童があっという間に覚えてしまいました。子どもたちは、英語の自然なリズムを体感しながら学びます。

（星原光江）

5 数であそぼう

この単元では、1～20までの数の数え方に慣れ親しみます。楽しい歌やチャンツなどの音源を何度も繰り返し聞かせるようにしましょう。教室や周りにある身近なものに触れたりしながら、英語で数を数えつつ指導を進めるとよいでしょう。

単元目標 ○数を表す英語に慣れ親しむ。**(知・技)**
○数を表す表現を使って身近にある物の数を尋ねたり、答えたりする。**(思・判・表)**
○英語の歌や絵本に興味をもって聴こうとしている。**(学・人)**

表現 Numbers (one, two, three, four, five, six, seven, eight, nine, ten, eleven, twelve, thirteen, fourteen, fifteen, sixteen, seventeen, eighteen, nineteen, twenty)
How many ~ s?

活動内容

教材名	活動内容 (例)
[歌A] Five Little Monkeys	①視聴し、聞こえた数やことばを出し合う。 ②聞こえた英語と数を合わせて、指さしながら歌えるところを歌う。 ③飛び跳ねるおサルさんがベッドから落ちて、1匹ずつ数が少なくなっていく歌なので、数字を5～1へと逆からカウントしてみる。
[歌B] Ten Steps / How Many?	①1～10までの数字を黒板に書き、英語での言い方を尋ねる。 ②Ten Steps の歌を聴きながら、数字をおさえながら歌う。 ③数字を10～1へと逆からカウントする。 ④11～20も①～③と同様にする。
[絵本] Five Little Monkeys	①指導者は、表紙を見せてどんな動物か、何匹いるかなどを尋ねたりする。 　例：What animal is this? How many monkeys are there? ②おサルたちが何をしているかを尋ねる。タイトルを言った後で、想像力を高めながら児童とやり取りをする。 　例：What's this? (Bed!) Yes. What are they doing on the bed? (Jumping!) ③タイトルの "Five little monkeys, jumping on the bed" は繰り返し出てくる表現になっているので、一緒に歌いながら言うようにする。(上記[歌A]参照) ④手遊び歌としても有名、手の動作を加えながら、お話を楽しむ。

—60—

単元計画

回	1	2	3	4	5	6	7 (本時)	8	9	10	11	12
歌	A①	A②	A②③	A③	B①	B②	B③	B③	B③	B④	B④	B④
絵　本		①	②		③		④		④	④		
アクティビティ							☆					☆
アルファベット	○	○		○		○		○		○		

教材

〔歌A〕 "Five Little Monkeys"

（音源：YouTube, Super Simple Songs CD, Super Simple Songs 1 など）

〈歌詞〉Five little monkeys jumping on the bed. One fell off and bumped his head. Mama called the doctor, and the doctor said, "No more monkeys jumping…"（続く…）

〈概要〉5匹のサルたちがベッドの上で飛び跳ねているという、有名な歌です。一人ずつ落ちてけがをして、どんどんサルの数が少なくなります。手で動作を加えて楽しく歌いましょう。

ここで ワン ポイント！

★手遊び歌をするときは、どちらかの手のひらを上に向けてベッドを作り、もう片方の手の指を5本でおサルたちがジャンプしている動作を示します。勢いよくジャンプして、1匹が落ちる様子を指で示し、その後は一本ずつ減らしながらジャンプします。〔その他の動作例〕One fell off 指を1本出してベッドから落ちるように横に飛ぶ、bumped his head 額をポンと打つ、Mama called the doctor…親指と小指をひろげ受話器のようにして電話をかける、No more monkeys…人差し指を立てて左右に振るなど。

〔歌B〕 "Ten Steps"

（音源：*Let's Try! 1*、Unit 3 How many?　pp.10-11など）

〈歌詞〉one, two, three, four, five…. twenty

〈概要〉*Let's Try! 1* のテキスト。テキストの見開きに身近なものがたくさんあるので、How many ～ s? いくつあるかを尋ねるのに適しています。

"How Many?"（音源：CD『歌っておぼえるらくらくイングリッシュ1』成美堂、2008年）

〈歌詞〉How many lions in the zoo? Let's count the lions in the zoo.（…続く）

〈概要〉"How many?" の歌は動物が出てきて、「数えてみよう！」という楽しい歌です。

ここで ワン ポイント！

★Ten Stepsを歌うときは、黒板に1〜10の数字を書き（または数字のカードを貼り）数字を指しながらTen Stepsを視聴する。数を順番に言う、バラバラに言う、反対から言うなどの工夫をするとよいでしょう。

★グループ、または1列、またはペアになって向き合い、順番に数を言う。グループの一人が数字を言って他の人はその数の分だけ手を叩くなど、バリエーションをもたせるとよいでしょう。

−61−

[絵本] *"Five Little Monkeys"*

（Eileen Christelow著、Scholastic、2005）

〈概要〉5匹のおサルたちがベッドの上で飛び跳ねているという、有名なお話です。一人ずつ落ちてけがをして、どんどんおサルの数が少なくなります。シリーズで "Five Little Monkey Sitting in the Tree" など、他にもたくさん揃っています。

ここでワンポイント！

★絵本は、児童が絵を頼りに内容を類推したり、思わず英語で発話したくなったりする絶好の機会を与えます。発音指導ではないので、気持ちをこめて読み聞かせ、What's this? Let's read together. One, two…、のように言えるところは一緒に読むよう促すとよいでしょう。

★グループごとにパートに分けて音読するのもよいでしょう。

Part A：Five Little Monkeys…., Part B：The mama called the doctor….,

Part C：No more monkeys…に分かれて楽しく音読してみましょう。慣れてきたら、ジェスチャー付きでパフォーマンスできるようにしましょう。

・Group A, you're Part A. "Five little monkeys jumping on the bed!…."

・Group B, you're Part B. "The mama called the doctor. And the doctor said,"

・Group C, you're Part C. "No more monkeys…."

・Now, are you ready to start? One two!

アクティビティ *"Lucky 7 Game"*

【ルール】ゲームを通して、数字の言い方を定着させる。**One, two, three!** の合図で片手をじゃんけんのように出す。（2～5本の指で）2人の合計の数が7になったら2人でハイタッチをする。クラスの実態に合せて、"Lucky 7" を "Lucky 5" にしたり、少ない数で活動できるように工夫するとよい。

【これを言えれば！】

・T：Let's play "Lucky 7 Game."

　Make pairs. Put up your fingers as you like, 2 to 5.

　（実際にチョキのような2本指からパーの形の5本指までを示しながら）

・**Two, three, four, five fingers like this.**

・**Say, "One, two, three!" like Rock, Scissors, Paper** （ジャンケン）.

・**Add up the numbers.** （足し算して7になったらハイタッチ、実演するのが一番よい）

・**I need a volunteer. Please come to the front.** と言って児童とやってみせるとよい。

【学年やクラスの実態に合わせて】

「**How many?** 数を尋ねあう」の発展として……

簡単な数字の足し算をする　　例：**Two plus two is…. Four!**

簡単な数字の引き算をする　　例：**Five minus three is…. Two!**

簡単な数字の掛け算をする　　例：**Two times three is…. Six!**

本時の展開例（7回目／全12回）

	○学習活動　・留意点	指示・声かけ
あいさつ	【Greeting】30秒 ○全体にあいさつする。	T：Let's start English Time! T：Good morning, class! S：Good morning, ◇◇sensei.
歌	【Songs & Chants】3分 ①Ten Stepsを歌う。 ②黒板の数字を指さしながらTen Stepsを歌えるところは一緒に歌う。 ③ペアで10〜1まで逆に数える。 ④10から1まで逆に歌ってもよい。	T：Sing "Ten Steps" together. T：Make pairs. Face each other. 　　Take turns counting from 10 to 1. 　　When you say "one," do a high five. Ready, set, go! S：10, 9, 8, 7, 6, 5, 4, 3, 2, 1 T：Sing "Ten Steps" from 10.
アクティビティ	【Adding Number】3分 ○数字を使ってのアクティビティ ・1から10まで数える、10から1まで逆に数える ・指を使って簡単な数字の足し算をする。 　例：Two plus two is…. (Four!) 　　　Three plus four is…. (Seven!)	T：Let's play Lucky 7 Game! Count from 1 to 10. Backward, 10, 9…1! T：How many fingers do you see? 　　One plus five is…（右手1本と左手5本を見せて） 　　Let's count together. S：One, two, three…Six! T：Good! How about two plus five? Count together. One, two, three… S：One, two, three…Seven! T：Well done! "Lucky 7!"
絵本	【Book】3分 ○Five Little Monkeysのお話を聞く。 ③Five Little Monkeysの繰り返し部分は手の動作をつけて、一緒に口ずさむ。	T：It's Story Time! What animal is this? S：A monkey! T：Good! How many monkeys do you see? S：Five monkeys. T：Now, listen and say the part, "Five little monkeys jumping on the bed!" with the gesture, like this.
あいさつ	【Greeting】30秒 ○Good-byeを歌う。 ○終わりのあいさつ。	T：Sing the song, "Good-bye." T：That's all for now. S：Thank you, ◇◇sensei. T：Good job!

単元の評価の観点・方法（例）　　数字を表す英語に慣れ親しむ。（知・技）
　　　　　　　　　　　　　　　　　行動観察、振り返りシート

児童の振り返り（例）　　Q　1から10までの数字が英語でわかりますか？
　　　　　　　　　　　　◇まだむずかしい　　　　　　○1から5ぐらいまでならわかる
　　　　　　　　　　　　◎ゆっくりいわれたらわかる　☆ぜんぶわかる

歌と絵本を組み合わせて取り入れたことで、児童にはお話の内容がわかりやすかったようです。ドラマにして身振りをつけた発表にすると全員がとても張り切って、おサルさん役をしたり、お母さんザルの役をしたり、楽しく演じてくれました。

（星原光江）

子どもたちと私の知的好奇心の高まり

「来年度は、１年生をお願いします。」

16年ぶりに１年生を担任することになり、大きな期待を胸に緊張しながら迎えた入学式で、２年生の子どもたちによる歓迎の演技の中に、元気よく英語の歌を歌う子どもたちの姿がありました。来賓席や保護者席からは、「すごいね…」というつぶやきが聞こえ、大きな拍手が贈られましたが、１年後のこれから担任する子どもたちの姿を思うと不安もありました。

１学期は、子どもたちが小学校の環境に慣れ、学校生活のパターンを身につけることを優先し、背伸びせずに無理のない範囲で英語に触れる時間を入れていこうと思っていました。しかし、他学年から聞こえてくる英語の歌に反応し、知っている英語を口ずさむ子どもたちの様子が見られました。「先生、僕らは英語の勉強をしないの?」と子どもたちから質問されたことをきっかけに、学年で話し合い、５月から子どもたちの期待に応えて、少しずつ英語に親しむ時間を設定していきました。

"Let's watch the DVD."「いぇーい」"What did you hear?"「はい、はい!」私がお決まりのフレーズを口にするたびに、子どもたちは盛り上がり、元気に手を挙げました。知っている英語や聞こえた英語を言いたくて、どの子もどんどん積極的になり、"Good job!""Excellent!"などのほめことばには満面の笑顔を見せる子どもたちでした。できるだけ多くの子に発言の機会を与えられるように座席表にチェックしながら指名をしていましたが、「先生、お願い!私を当てて～!」と言いながら、肘をぴんと伸ばして一生懸命にアピールする子どもたちの姿がとても印象的でした。

２学期になり、Five Little Monkeysの絵本の読み聞かせをしました。DVD教材で、Three Little Monkeysの歌を歌ったり、ジェスチャーをしたりしていたので、既習の表現が多く、お話の世界にすぐさま引き込まれていく子どもたちでした。絵本のサルを指さしながら、"What are they doing?"と私が尋ねると、「ジャンプ!」と言いながら、その場で飛び跳ねる無邪気な子どもたちでした。繰り返しの表現が出てくる直前で、私が英語を読むのをやめると、子どもたちが自然に次の文を声に出して言うことができました。"Well done!"と言いながら拳を握って親指を立てたポーズをした私を真似て、全く同じポーズをしながら"Well done!"と返してくる１年生の子どもたちには、笑顔なしではいられませんでした。

ある日、ひとりの児童が、DVDを見ながら、「先生、おサルさんが１匹のときだけ、言い方がちがう」と発言しました。私は彼の言っていることが即座に理解できず、「どういうこと?」と聞

Column

き返し、周りの子どもたちも、「え?」といった感じでした。「ずっとmonkeysと言ってるのに、お
サルさんが1匹のときだけmonkey って聞こえる」と言う彼は、単数形と複数形の違いを、繰り返
し聞いた音声から気づいていたのです。「ほんとに〜?」と少し誇張して私が言い、もう一度音声
をよく聞いて確かめてみようと指示してDVDを再生しました。物音ひとつしないしーんとした教
室の中で、子どもたちは音声に集中し、彼の見事な発見に、教室中のだれもが感心しました。自
然とわき起こった大拍手の中で、「すごい!」とたくさんの友だちに言われて、頬を赤らめながら
照れている彼に、私は "Very good job!" "Awesome!" を何度も繰り返しました。級友から称賛され
た自信と喜びに満ちた彼の表情は、私の心に印象深く残りました。

　夕方、仕事を終えてお迎えに来られたお母さんに、彼は真っ先にこのエピソードを報告したら
しく、お母さんが彼と手をつないで職員室に来られました。「先生、うちの子、今日めっちゃう
れしかったみたいです。英語の勉強をがんばるって言ってます」と伝えてくださり、感謝のこと
ばを何度も言ってくださいました。私からも、彼をほめたたえた周りの様子などを事細かに伝え、
今後も子どもたちが楽しめる英語の指導をしていきたいと話しました。

　「今日の英語タイムは、どんなことするのかな」「英語の勉強もっとやりたいな」と友だち同士
で話し、英語の学習に大変意欲的に取り組むことができた1年生でした。簡単なクラスルーム
イングリッシュを使って子どもたちとやりとりすることを通して、子どもたちは英語で会話の
キャッチボールができた喜びを味わうことができ、自尊感情を育むことができたように思います。
さまざまな教材で、楽しく英語に親しめることを大切にしながら指導したことで、子どもたちは
全身で英語のリズムを感じ、自発的に発話するようにもなりました。他のどの教科の時間よりも、
ほめられる経験がたくさんできる英語タイムは、子どもたちが目いっぱい輝くことができる時間
で、私にとっては、子どもたちと心で繋がれる充実した時間でした。子どもたちの英語学習への
知的好奇心の高まりと、私の英語指導への知的好奇心の高まりは、実に比例していたように思い
ます。指導者が楽しみながら実践することが、子どもたちによい影響を与えることを確信できた
1年間の英語タイムでした。

　英語のスパイラルな学びを経験して2年生になった子どもたちは、下級生を迎える入学式で、
大きくジェスチャーして会場の人を巻き込むABCソングを堂々と発表できました。

（邉　一峯）

6 身体であそぼう

この単元では、身体の部位（body parts）や動きを指示する表現に慣れ親しみます。児童が自分の身体で確認しながら、英語を聞いたり言ったりできるように進めるとよいでしょう。単元の最後には、学習したことを使ってゲームをすると楽しいですね。

単元目標　○身体の部位を表す英語や動きを指示する表現に慣れ親しむ。（知・技）
　　　　　　○身体の部位を表す英語や動きを指示する表現で動いたり言ったりする。（思・判・表）
　　　　　　○英語の歌や絵本に興味をもって聴こうとしている。（学・人）

表現　Touch your ～ . stand up, turn around, sit down, head, shoulders, knees, toes, eyes, ears, mouth, noseなど

活動内容

教材名	活動内容（例）
[歌A] Head, Shoulders, Knees and Toes	①視聴し、聞こえた表現を出し合う。 ②身体の部位に触れながら、歌えるところを歌う。 ③歌詞の抜けている部分を言わずに動作をつけて歌う。
[歌B] Touch Your Head	①指導者の動作を見ながら聞き、聞こえた表現を出し合う。 ②身体の部位を触ったり動いたりしながら聞く。 ③身体の部位を触ったり動いたりしながら歌う。 ④指導者の指示で動く。（→【アクティビティ】Simon Says）
[絵本] *From Head to Toe*	①指導者は絵本を読みながら、身体の部位を指し示したり、動作の表現を確認したりするようにする。 ②繰り返し表現の "Can you do it?" "I can do it!" のフレーズを一緒に言えるようにする。 ③一緒に動作ができるようにする。

単元計画

回	1	2	3	4 (本時)	5	6	7	8	9	10	11	12
歌	A①	A②	A②	A③	B①	B②	B②	B③	B③	B③	B④	B④
絵　本			①	①		②	②		③	③		
アクティビティ												☆
アルファベット	○	○			○			○		○	○	

—66—

教材

[歌A] "Head, Shoulders, Knees and Toes"

（音源：DVD『Superstar Songs 2 DVD 目と耳で歌って覚える英語シリーズ』mpi、2011年など）

〈歌詞〉Head, shoulders, knees and toes. ／ Head, shoulders, knees and toes. ／ Eyes and ears and mouth and nose. ／ Head, shoulders, knees and toes.

〈概要〉身体の部位を触りながら歌うことで、自然に英語の意味を知ることができます。本教材では、2回目には、歌詞を抜いているところがあり、その部分を歌わなかったり、あえて触りながら歌ったりすることで、音と意味がはっきり結びつくようになります。

ここで ワン！ ポイント！

★慣れてきたら、友だちとペアになって（または小さいグループで）向き合い、動作を付けて歌うなど工夫するとよいでしょう。Ｔ：Work in pairs. (Make pairs.) Face each other! Sing and do the actions! DVDを見ずに動作ができるようになれば、「アクティビティ」のSimon Saysゲームが円滑に進められるようになります。

[歌B] "Touch Your Head"

（音源：ＣＤ『歌っておぼえるらくらくイングリッシュ1』成美堂、2008年）

〈歌詞〉Touch your head, touch your mouth, touch your knees, touch your face…. (続く)
[その他の表現] stand up, turn around, sit downなど

〈概要〉相手に指示するときに使うTouch your ～ . の表現が繰り返されています。また、フレーズごとに音声に続いて言うことができる間があるので、ＣＤとともに発話しながら動くことができます。

ここで ワン！ ポイント！

★指導者や友だちと向き合って歌ったり、指導者が出てきた語彙を使ってTouch your ～ . と指示をだしたりして楽しみましょう。

[絵本] "From Head to Toe（英語絵本とmpiオリジナルCDセット）"

（Eric Carle 著・イラスト、mpi、2010年）

〈概要〉"I am a penguin and I turn my head. Can you do it?"と11種の動物が尋ね、"I can do it."とぼくが身体を使って答えています。身体の名称（12種）や"turn my head"などの身体の動き（12種）が登場し、子どもたちは実際に身体を動かして楽しみながら英語を聞くことができます。

〈動きの例〉

I turn my head. (首をまわす) ／ I bend my neck. (首を曲げる) ／ I raise my shoulders. (肩をあげる) ／ I wave my arms. (腕をふる) ／ I clap my hands. (手をたたく) ／ I thump my chest. (胸をドンドンとたたく) ／ I arch my back. (背中をアーチ状に曲げる) ／ I wriggle my hips. (お尻をクネクネ動かす) ／ I bend my knees. (両膝を曲げる) ／ I kick my legs. (両足を蹴る) ／ I wiggle my toe. (つま先をクネクネ動かす)

ここで ポイント！

★ "Can you do it?" "I can do it!" のフレーズで児童が子ども役になり、かけあいを楽しみましょう。

★ 発展として、児童が動物役、指導者が子ども役になることもできます。指導者が動物の絵を指して "I am a … (penguin) !" と児童の発話を促し "and I turn my head" で動作を促し "Can you do it?" と全員で指導者に問いかけます。指導者はジェスチャーをしながら "I can do it!" と答えます。児童は指導者とのやりとりが大好きになり英語表現に対する理解もさらに深まります。

アクティビティ "Simon Says"

【ルール】Simonという王様の指示に従うゲーム。Simon says, "Stand up!" といえば、その通りに動作し、Simon Says と言わずに "Stand up!" と指示された場合は動作をしてはいけない。

【これを言えれば！】

・Let's play "Simon Says" game!

・I'm King Simon.

・Simon says, "Touch your head."（Good!）

・Simon says, "Touch your eyes."（Good!）

・"Touch your head."（No! I did not say "Simon says."）

・Good job!

○Simonは王様の名前なので、Kingの絵や吹き出しを簡単に描いておくと意味を理解する助けになる。

○はじめは、"Stand up!" や "Sit down!" など簡単な動作で練習してから始めるとよい。

○B④の活動は、歌をいかして、Touch your ～ の表現で活動すると、より易しく進めることができる。

○Simonを指導者の名前に変えて言うと児童の親しみも高まる。

本時の展開例（4回目／全12回）

	○学習活動　・留意点	指示・声かけ
あいさつ	【Greeting】30秒 ○全体にあいさつする。	T：Let's start English Time! T：Good morning, class! S：Good morning, ◇◇sensei.
歌	【Songs & Chants】4分 ○Head, Shoulders, Knees and Toesを歌う。 ③抜けている部分を言わずに動作をつけて歌う。 ・抜けている部分を補って歌ってもよい。	T：Sing the song and do the actions. T：（抜けているところまできたら）Don't sing, just do the actions. T：Sing the song completely.
絵本	【Book】5分 ○From Head to Toe を聞く。 ①指導者は、絵本を読みながら、身体の部位を指し示したり動作を確認したりする。 ・児童が動作を始めたら認めるようにする。	T：It's Story Time! 　　Do you remember the title?/What animal did you see? S：From Head to Toe./ Penguin, monkey…． T：Good! Now, listen carefully. T：Do the gestures. Good!
あいさつ	【Greeting】30秒 ○Good-byeを歌う。 ○終わりのあいさつ。	T：Sing the song, "Good-bye." T：That's all for now. S：Thank you, ◇◇sensei. T：Good job!

単元の評価の観点・方法（例）　　身体の部分を表す英語や動きを指示する表現で動いたり言ったりしている。（思・判・表）
行動観察、振り返りシート

児童の振り返り（例）　　Q 先生の言うとおりに動くことができますか？
◇まだむずかしい　　　○先生や友だちが動くのを見たらできる
◎だいたいできる　　　☆かんぺき！

教室より

この単元に出てくる歌も絵本も子どもたちは大好きで、DVDや絵本と一緒に動いて盛り上がりました。"Can you do it?" "I can do it !!!" "Great job!" このやりとりで、やる気も自信もアップしみんな大満足です！このフレーズは、他の教科・活動でも使えそうです。

（襧宜田陽子）

7 動物がいっぱい

この単元では、動物の名前に慣れ親しみます。動物が出てくる絵本では、動物の鳴き声も学べます。出てくる動物をイメージして、動作をつけて絵本を読むとさらに楽しくなります。絵本の中の動物と色を関連づけてアクティビティを楽しんでみましょう。

単元目標 ○動物の名前に慣れ親しむ。（知・技）
○動物の名前と色を合わせて表現したりする。（思・判・表）
○英語の歌や絵本に興味をもって聴こうとしている。（学・人）

表現 What do you see? I see a yellow duck looking at me. right/left wing, right/left legなど
（動物ジングルでは26の動物名）

活動内容

教材名	活動内容（例）
[歌A] Mother Gooney Bird	①CD・DVDを視聴し聞こえた表現を出し合う。もう1度視聴する。 ②指導者の動作（one, two, three, four（数）やright wing等）を見る。ゆっくりと動作をつけながら指導者のあとについて歌えるところを歌う。 ③CD・DVDに合わせて動作をつけながら歌う。
[歌B] Monkey, Monkey	①CD・DVDを視聴し聞こえた表現を出し合う。もう1度視聴する。 ②指導者と一緒に歌えるところを歌う。動作をつけながら歌う。 pop ：両手を上でパッと開く　stop ：両手を前に出して止まる ③指導者は"one, two, three, out goes he!"で児童を1人当てる。当たった児童が"it"（おに）になって次の人を当てる。
[絵本] *Brown Bear, Brown Bear, What do you see?*	①指導者は絵本のページをめくりつつ、児童を巻き込みながら読む。児童は質問に答えながら聴く。例（What's this animal?） ②繰り返し表現の箇所を児童が繰り返せるようなら言ってみる。 ③指導者と児童とでページを分け、交互に読む。慣れてきたらGroup A・Bで分けて児童だけで読んでも楽しい。

単元計画

回	1	2	3	4	5 (本時)	6	7	8	9	10	11	12
歌	A①	A②	A②	A②	A③	A③	B①	B②	B②	B②	B③	B③
絵本			①	②	②		③		③	③		
アクティビティ						☆						☆
アルファベット	○	○				○		○			○	○

教材

[歌A] "Mother Gooney Bird"

(音源：CD『Superstar Songs 1』、mpi、2009年)

〈歌詞〉Mother Gooney Bird had seven chicks. One, two, three, four, five, six, seven! They couldn't talk. They couldn't walk. They could only go like this. ①right wing ②right wing, left wing ③…続く

〈概要〉アホウドリのお母さんには7匹の子どもがいます。まだ小さいので話せないし歩けません。右の翼、左の翼、右足、左足…と順番に動かしながら歌うリズミカルな歌です。右腕・左腕、右足・左足を間違えないように動かしてみましょう。

★指導者がRight wing! と言うとき、児童に向かい合わせになっているので、左ひじを曲げ羽のように動かします。Left wing! では右ひじを曲げて動かしましょう。慣れてきたら7人の児童（やりたい児童）を選び、前に出て音楽に合わせて歌いながら「発表」するのも楽しいですね。（T：Who wants to try dancing?　S：Let me try!）

[歌B] "Monkey, Monkey"

(音源：CD『Superstar Songs 1』mpi、2009年)

〈歌詞〉Monkey, monkey, bottle of pop. On which monkey do we stop?
　　　One, two, three. Out goes he (she)!

〈概要〉「おに」を決めるときの歌 a bottle of popは、popの部分で両手を上げてパッと開き、stopの部分で両手を前に出して止まるような動作をしながら歌うといいでしょう。

"One, two, three, out goes he!" と言って指導者が児童を当てるときには、男子にはhe、女子にはsheと指導者がくり返し言います。実際に使っているうちにhe, sheの使いかたが自然にわかってくるでしょう。

[絵本] *"Brown Bear, Brown Bear, What do you see?"*（英語絵本とmpiオリジナルCDセット)"
（Bill Martin Jr. 著、Eric Carle イラスト、mpi、2011年）

〈概要〉"Brown Bear, Brown Bear, what do you see?" "I see a red bird looking at me."
と10種の動物が尋ね、答えます。動物の名前（10種）やa yellow duck, a blue horseなど、色と
動物を組み合わせた表現が出てきます。最後には "Children, children, what do you see?" と
尋ねられ、出てきた動物全部を言います。CDを聞くとリズムよく言える工夫がされているので
リズミカルに言えるようになります。

ポイント！

★それぞれの動物の鳴き声もCDで聞くことが出来るので、動物の鳴き声が英語でわかるようになります。
★繰り返しが多い絵本なので、初めての英語絵本として読み聞かせをするのに適しています。児童の読め
るところが増えると、同じお話でも繰り返し楽しむことができます。CDで聴いたり指導者の声で聴いた
りして楽しんでください。

アクティビティ "I spy something red"

Let's play "I spy something ～ ."
When I say, "I spy something red" , you find the color and say the animal's name. （指導
者は児童に赤の鳥をさがす様子を見せて、"Bird!" と言う例を示す。
　　T : I spy something green.　　S : A frog!　　T : That's right. Well done.
　　T : I spy something blue.　　S : A horse!　　T : Good job!

アクティビティ 全員リーディング（グループ、ペア、1人ずつ）

絵本の読みに慣れてきたら、児童は1フレーズずつ担当して言う。10人の児童が前に並んで発表
するという形にしても楽しい活動になる。

本時の展開例（5回目／全12回）

	○学習活動	指示・声かけ
あいさつ	[Greeting] 30秒 ○全体にあいさつする。	T：Let's start English Time! T：Good morning, class! S：Good morning, ◇◇sensei.
歌	[Songs & Chants] 4分 ○Mother Gooney Birdを、動作をつけて歌う。	T：Now watch the DVD. Sing the song "Mother Gooney Bird." Please do the actions. T：I'll do the actions, too. T：Are you ready? S：Yes, we are ready. T：Well done, everyone!
絵本	[Book] 5分 ○*Brown Bear, Brown Bear, What do you see?* を聴く。指導者が質問をするのに答えながら聞く。 ○指導者は児童が言えそうなところで止まり、次を児童から引き出す。	T：It's Story Time! 　　Do you remember the title? S：Brown Bear, Brown Bear, What Do You See? T：Good! Now, listen carefully.
あいさつ	[Greeting] 30秒 ○Good-byeを歌う。 ○終わりのあいさつ。	T：Sing the song, "Good-bye." T：That's all for now. S：Thank you, ◇◇sensei. T：Good job!

単元の評価の観点・方法（例） 動物の名前を英語で慣れ親しむ。（知・技）
　　　　　　　　　　　　　　　　行動観察、振り返りシート

児童の振り返り（例） Q 動物の名前の、英語での言い方がわかりますか？
　　　　　　　　　　　　◇まだむずかしい　　○5つぐらいなら言える
　　　　　　　　　　　　○10ぐらい言える　　☆動物の名前は全部わかる

Mother Gooney Bird の歌は低学年に人気があります。歌って踊れる曲だからでしょう。ノリのよい歌でもあるため、短時間学習を始めるのに適した歌です。
Brown Bear…もテンポよく言えるので英語学習を楽しんでくれています。

（小椋由季）

好きな食べ物

この単元では、食べ物の名前やWhat food do you like?（どんな食べ物が好き？）という表現に慣れ親しみます。児童は食べ物に関する英語を聞いたり話したりできるように進めるとよいでしょう。単元の最後には、What food do you like? I like～.と自分のことが言えると楽しいですね。（アルファベットでは「食べ物ジングル」を使用）

単元目標
○食べ物を表す英語や"I like ～."という表現に慣れ親しむ。（知・技）
○どんな食べ物が好きかを英語で相手に聞いたり答えたりする（思・判・表）
○英語の歌や絵本に興味をもって聴こうとしている。（学・人）

表現 What food do you like? I like oranges. Jelly in a bowl, popcorn in a panなど。食べ物ジングルでは26個の食べ物の名前、その他の食べ物の名前

活動内容

教材名	活動内容（例）
[歌A] What do you like?	①視聴し、聞こえた表現を出し合う。 ②早いチャンツなので、指導者がゆっくりと言って、その後を児童がリピートしながら表現を言う。慣れてきたら一緒に言う。 ③デジタル教材でリズムに合わせて一緒に言う。
[歌B] Jelly in a Bowl	①CDやDVDを視聴し、聞こえた表現を出し合う。 ②指導者がする動作をまねながら、歌えるところを歌う。 ③CDやDVDと一緒に動作をしながら歌う。
[絵本] Peanut Butter and Jelly：A Play Rhyme	①表紙を見せてどんな食べ物が見つけられるか聞く。（bread, knife, girl, boy, cook, cat, dog）最後まで本を読む。 ②指導者は絵本を読みながら児童に質問する。（頻繁でなくてよい） （例：Do you like a sandwich? What are they doing? など） Peanut Butter, Peanut Butter, Jelly, Jellyのパートで手遊びをする。 ③手遊びをしながら（Peanut Butter, Peanut Butter, Jelly, Jellyの部分）児童も一緒に言えるフレーズを言う。

単元計画

回	1	2	3	4	5	6	7	8	9 (本時)	10	11	12
歌	A①	A②	A②	A②③	A②③	A③	B①	B②	B②	B②	B③	B③
絵本			①	②		②	②		③	③		
アクティビティ											☆	☆
アルファベット	○	○			○			○			○	

教材

[歌A] "What do you like?"（チャンツ）

（音源：*Let's Try! 1* Unit 5、文部科学省、デジタル教材、2018年）

〈歌詞〉What food do you like? I like oranges. I like pizza. That's a nice party.

〈概要〉好きな食べ物、好きな色バージョンがあり、早いチャンツですが慣れるまで何度も聴きましょう。What food do you like? I like 〜 . という会話にも慣れましょう。

★慣れてきたら、指導者と児童（自分の好きな食べものを一斉に言う）、次にはお友だちとペアになってお互いに向き合い、やりとりができる工夫をするとよいでしょう。ペアになるとき、列ごとにA・B・A・Bとし、T：Work in pairs. (Make pairs.) Face each other! Line A, you ask a question. Line B, you answer, please. と告げ、Activityをスタートさせます。

[歌B] "Jelly in a Bowl"

（音源：CD『Superstar Songs 1 英語のおとあそび教室』mpi、2009年）

〈歌詞〉Jelly in a bowl. Wiggy waggy, wiggy waggy（プルンプルン）…（続く）

〈概要〉食べ物を題材にしたフレーズをリズムに合わせて言います。Jelly in a bowlのように「〜に入った○○」という表現がすぐに覚えられます。Actionもクラスの児童と一緒に考えてみましょう。

★グループごとにjelly group, popcorn group, soda groupを作り、ジェスチャーをしながらチャンツを言うのも楽しいです。

[絵本] *"Peanut Butter and Jelly"*（A Play RHYME）

（Nadine Bernard Westcottイラスト、mpi, 2010年）

〈概要〉 ピーナッツサンドを作りましょう。まずはパンの生地をこねて、オーブンに入れます。焼きたてのサンドイッチ用パンをナイフで切りましょう。ピーナッツをつぶしてパンに塗りましょう。ブドウもつぶして下さい。できたブドウのジャムをピーナッツバターの上にのせます。さぁ、サンドイッチをみんなで食べましょう。大きなサンドイッチですね。

ここで ワン ポイント！

★ "Peanut Butter, Peanut Butter, Jelly, Jelly." の部分では、指導者と一緒に声を出し、ジェスチャーをさせるとよいでしょう。Peanut のときに両手を膝の上でポンとたたき、Butter のときに胸の前で両手をポンとたたきます。それを繰り返しながら読み進めてください。

★ 初めは言えなくても手遊びだけをしながら、絵本を聞くだけで十分です。Peanut Butter, Peanut Butter, Jelly, Jellyのパート以外も言えるところから言ってみましょう。

アクティビティ　"Charade Game"

①指導者がするジェスチャーを児童が当てる。

T：Now I'll do the gesture, please guess.

指導者はJelly in a bowl, Popcorn in a pan, Soda in a canの中からどれかのジェスチャーをする。児童はそれを見て英語で答える。

②児童がするジェスチャーを指導者が当てる。

T：Who wants to try the gesture?

S：Let me try!

数人の児童にジェスチャーをしてもらう。

③児童がするジェスチャーを児童が当てる（チーム対抗でする）。

T：Team A, you do the gestures, and Team B, you guess what the gestures are. Let's try one by one.

S：OK.

各チームから1人ずつ出てジェスチャーをする児童、それを当てる児童は順に並ぶ。

T：Please start!

本時の展開例（9回目／全12回）

	○学習活動	指示・声かけ
あいさつ	[Greeting] 30秒 ○全体にあいさつする。	T：Let's start English Time! T：Good morning, class! S：Good morning, ◇◇sensei.
歌	[Songs & Chants] 4分 ○初めにDVDを見て復習をする。 ○チャンツを言いながら大きなジェスチャーをする。	T：Watch the DVD carefully. T：Say the chants and do the actions. T：Let's do it with big gestures. T：Well done, everyone.
絵本	[Book] 5分 ○本の題名を聞く。 ○ジェスチャーをしてみる（復習）。 ○ストーリーを聞きながら、手遊びをする。	T：It's Story Time! 　　Do you remember the title? S："Peanut Butter and Jelly" T：Do you remember the gestures? S：（ジェスチャーをする） T：Good! Now, listen to the story and say the phrases 　　with the gestures.
あいさつ	[Greeting] 30秒 ○Good-byeを歌う。 ○終わりのあいさつ。	T：Sing the song, "Good-bye." T：That's all for now. S：Thank you, ◇◇sensei. T：Good job!

単元の評価の観点・方法（例）　食べ物を表す英語や"I like 〜 ."という表現に慣れ親しむ。（知・技）
　　　　　　　　　　　　　　　　　行動観察、振り返りシート

児童の振り返り（例）　Q 好きな食べ物について言えますか？
　　　　　　　　　　　◇まだむずかしい　　○先生や友だちが言うのを聞いたら言える
　　　　　　　　　　　◎I likeは言えるが食べ物の名前がまだむずかしい
　　　　　　　　　　　☆I likeと食べ物の名前がかんぺきに言える

"Jelly in a bowl"のチャンツは、ジェスチャーとフレーズがマッチするので頭に入りやすいです。かたまりで英語のフレーズにふれる機会が多いせいか、すぐに言えて楽しそうです。みんなでオリジナルジェスチャーを考えました。

（小椋由季）

9 歩こう 歩こう

この単元では、簡単な動作の表現に慣れ親しみます。児童が身体を動かしながら英語を聞いたり言ったりできるように進めるとよいでしょう。単元の最後には、学習したことを使ってゲームをすると楽しいですね。

単元目標 ○動作を表す表現に慣れ親しむ。**(知・技)**
○動作を表す表現を聞いて動いたり言ったりする。**(思・判・表)**
○英語の歌や絵本に興味をもって聴こうとしている。**(学・人)**

表現 walk, run, fly, swim, hop, jump, stopなど

活動内容

教材名	活動内容 (例)
[歌] Walking, Walking	①視聴し、聞こえた表現や見えた動きを出し合う。 ②DVDと一緒に動きながら歌えるところを歌う。 ③大きく動きをつけたり、動物になったりして動きながら歌う。 ④指導者の指示で動いたり、動きを当てあったりする。 　→6．身体であそぼう【アクティビティ】"Simon Says"参照
[絵本] *Walking and Walking*	①絵本の題名を聞き表紙から見えるものを出し合う。指導者の質問に答えながら読み聞かせを聞き感想を言う。 ②3つに分けて（pp.2-7, 8-11, 12-13）、見えるものや好きなものを出し合いながら指導者とやりとりしながら読む。 　【アクティビティ】参照 ③自分の好きな場面で立って読むなどし、全員で一冊を読む。

単元計画

回	1	2	3	4	5	6	7	8	9	**10** **(本時)**	11	12
歌	①	①	②	②	②	③	③	③	③	③	④	④
絵　本			①		①		②		②	②		③
アクティビティ							☆A		☆A	☆A	☆B	☆B
アルファベット	○	○		○		○		○			○	

-78-

教材

［歌］"Walking, Walking"

（音源：DVD『Superstar Songs 1 DVD 目と耳で歌って覚える英語シリーズ』mpi、2011年など）

〈歌詞〉Walking, walking I am walking. Hop, hop, hop! Hop, hop, hop! ／ I am running, running. I am running, running. Now let's stop… （続く）

［その他の語彙］flying, swimming, jump

〈概要〉実際に映像を見ながら動き、歌を聴くことで自然に英語の音声と意味を結ぶことができます。歌って動けるようになったら、指導者の "Jump!" "Stop!" の声で動くと楽しいです。

ここで ワンポイント！

★ "hop（片足で跳ぶ）" と "jump（両足で跳ぶ）" の違いは、ことばで説明するのではなく、映像や指導者の動作で気づかせると児童の積極的な態度も育てることになります。

★音と意味をしっかり結ぶために、動作に慣れてきたら、一度座って音をしっかり聞いて歌う（「手で動作をしてもよい」等の声かけをしてもよい）などをするとよいでしょう。

★慣れてきたら、「7．動物がいっぱい」で扱った動物になって動いてみても楽しいです。

★「6．身体であそぼう」で紹介した「アクティビティ」"Simon Saysゲーム" を動作の表現を取り入れて実施するとより楽しいでしょう。

［絵本］"Walking and Walking"

（Anthony Robinson 著、Gwyneth Williamsonイラスト、Collins Big Cat、2011年）

〈概要〉"We like walking." 女の子と飼い犬が移り変わる美しい季節の中でお散歩を楽しんでいます。歩くことで出合う楽しいできごとが色鮮やかに描かれています。読み聞かせの中で児童と紙面を見ながら、"What do you see?" "りす！（英語で言えなければ日本語で）" "Oh! Squirrel! Cute! How many?" "Let's count!" "1, 2…." などとその楽しさを共有できます。最後の場面の大好きな家族のもとへのwalkingも心温まります。

〈問いかけで使える表現〉

What (color) do you see?（何（色）が見える？）／ How many?（いくつ？）／ Let's count!（数えてみよう！）What do you like?（何が好き？）／ I like this.（これが好き）

ここで ワンポイント！

★女の子と犬の名前は出てきません。児童と名付けて読み進めると親しみ深くなるかもしれません。

★ICTを活用して紙面を大画面に映すことができると、子どもたちはたくさんのすてきなものを発見できるでしょう。

★児童にとって言いたいことを英語で表現するのはまだとても難しいです。児童が日本語で発言したこともしっかり認め、指導者が英語でほめたりあいづちをうったり、言い換えたりするように心がけるようにしましょう。

アクティビティＡ "I like this"

【目的】絵本の活動②において、自分の好きなところを紹介する。
【すすめ方】
　①紙面に興味をもたせるように読む。"（紙面を指さす等をして）We like walking in the park."
　②この場面で見えるものを出し合う。"What do you see in the park?"
　③好きなところはどこかたずねる。"I like this.""What do you like?"
　　（大きく写された紙面を指さし）"I like this."
　④最後に児童といっしょに読む。"Let's read together.""Great!"
○"I like this."ということばは初めてなので、指導者がしっかり意味が伝わるように見せるようにする。
○紙面がよく見えるように、ICTの活用などで工夫をするとよい。場面を３つに分けて同じ活動を３回行う。繰り返すうちに最初は自信がない児童も友だちの姿を見て、「自分も言ってみたい」という気持ちが育つ。継続した短時間学習のよさを生かし、児童のやる気を高め、支援する指導を心がけよう。

アクティビティＢ "Simon Says"

「６．身体であそぼう」の【アクティビティ】参照。表現に慣れ親しんでいれば、本単元の語彙だけでなく、既習の語彙や表現を使うとより楽しく取り組むことができる。

本時の展開例（10回目／全12回）

	○学習活動	指示・声かけ
あいさつ	【Greeting】30秒 ○全体にあいさつする。	T：Let's start English Time! T：Good morning, class! S：Good morning, ◇◇sensei.
歌	【Songs & Chants】4分 ○Walking, Walkingを歌う。 ③大きく動きながら歌う。 ④指導者の指示で動く。	T：Sing the song and do the larger actions. T：Make pairs. Choose the animal you like. T：Do the actions. T：Walking, walking./ Jump./ Stop.
絵本・アクティビティ	【Book】5分 ○*Walking and Walking*を読む。 ②既習のPP.2-11は、一緒に読む。 ②12-13の場面で見えるものと好きなところを出し合う。	T：It's Story Time! 　　Let's read together. T：What do you see? S：おじいちゃん！／家！ T：Good! Grandpa! / Home! T：What do you like? Please come to the front. S：（前に出てきて指さして）I like this. T：Good Job!
あいさつ	【Greeting】30秒 ○終わりのあいさつ。	T：That's all for now. S：Thank you, ◇◇sensei. T：Good job!

単元の評価の観点・方法（例）　動作を表す表現を聞いて動いている。（思・判・表）
　　　　　　　　　　　　　　　　行動観察、振り返りシート

児童の振り返り（例）　Q 先生の言うことをきいて、動くことができますか？
　　　　　　　　　　　　◇まだむずかしい　　　○先生や友だちが動くのを見たらできる
　　　　　　　　　　　　◎だいたいできる　　　☆かんぺき！

低学年の児童は、言いたいことがたくさんあります。日本語になったり少し英語になったり、関係なく話せるのがよいところです。指導者も英語で言い換えたりしながら、絵本を楽しんでいます。

（禰宜田陽子）

10 こうするの

この単元では、日常の動作、特に朝の準備に使用する表現に慣れ親しみます。児童は自分の毎日の行動を思い浮かべながらジェスチャーをし、楽しんで歌うでしょう。友だちとそのジェスチャーが違ったりして、違いを楽しむこともできますね。

単元目標　○日常の動作を表す表現に慣れ親しむ。**（知・技）**
○日常の動作を表す表現を使って自分のことを表現する。**（思・判・表）**
○英語の歌や絵本に興味をもって聴こうとしている。**（学・人）**

表現　this is the way, I wash my face, I brush my teeth, I comb my hair, I button my shirt, など

活動内容

教材名	活動内容（例）
[歌] This Is the Way	①視聴し、聞こえた表現や見えたジェスチャーを出し合う。 ②ジェスチャーをしながら歌えるところを歌う。 ③ジェスチャーゲームやメモリーゲームをする。→【アクティビティ】 ④自分や友だちの日常の動作の順で言ったり歌ったりする。 ⑤フレーズを変えて歌ってみる（wash my hands/shoes　など）。 　または、絵本 "In the Morning" の読み聞かせを聞いたり、その映像を見たりする。→【教材】[歌]
[絵本] No, David!	①絵本の表紙を見て、男の子がDavidであることを知る。読み聞かせを聞き、感想を出し合う。 ②児童がDavidになり、母役の指導者の読み聞かせを聞く。 ③児童が母役になって指導者の読み聞かせを聞き、言えるところを一緒に言う。

単元計画

回	1	2	3	4	5	**6** **(本時)**	7	8	9	10	11	12
歌	①	①	②	②	②	③	③	④	④	③	⑤	⑤
絵　本			①			②			③		③	
アクティビティ							☆	☆		☆		
アルファベット	○	○		○	○						○	○

—82—

教材

［歌］"This Is the Way"

（音源：DVD『Superstar Songs 2 DVD目と耳で歌って覚える英語シリーズ』mpi、2011年／DVD『Super Simple Songs 2』DVD）

〈歌詞〉This is the way I brush my teeth, I brush my teeth, I brush my teeth. This is the way I brush my teeth. So early in the morning.

その他の表現：wash my face, comb my hair, button my shirt, put on my shoes

〈概要〉ジェスチャーをしながら歌うことで、自然に英語の意味と音をつなげることができます。歌えるようになったらゲームなどを経て自己表現につなげることもできます。

ここで ワン ポイント！

★音声を聞いてジェスチャーをしながら歌うことに慣れてきたら、しっかり声を出して歌うことに注意を向けてみるとよいでしょう。

★「自分のやり方で」と声をかけ、ペアで向かい合って歌うと、ジェスチャーが友だちのものと違うことに気づくこともあります。学級全体でその違いを認め合うようにするとよいでしょう。

★慣れてきたら、指導者の日課の順番を伝えたり、児童に聞いたりして、「○○さんの順番で歌いましょう」などとすると楽しく動作の表現を歌うことができます。

★③のゲームで、他のフレーズを扱うと⑤につながります。その他、絵本やインターネット検索等も活用し、さまざまな形で本テーマの表現に慣れ親しませてもよいでしょう。

（参考）絵本 "In the Morning" Patrick Jackson・Rie Kimura、Potato Pals1 Oxford University Press；Pck版、2004年

［絵本］"No, David!"

（David Shannon著、SCHOLASTIC、2000年）

〈概要〉Davidは元気ないたずらっ子です。やりたいことをするたびにいつもお母さんに「ダメよ！」と言われてしまいます。すっかりしょげてしまうDavidですが、最後にお母さんは「大好きよ！」と言ってぎゅっと抱きしめます。

That's enough!（もう十分！）／ Settle down!（静かにしなさい！、落ち着きなさい！）

Stop that this instant!（今すぐやめなさい！）

ここで ワン ポイント！

★児童が、Davidの様子や気持ちに、自分の体験や気持ちを重ねながら聞くことができる絵本です。お母さんの「No!」の一つ一つに気持ちを込めて読み進めるとよいでしょう。児童の日常にも「No!」というやり取りがあるでしょうが、Davidのように、愛されているのだと感じることができれば素敵ですね。

アクティビティ "Gesture Game"

【すすめ方】

①指導者が行った動作をジェスチャーしながら言う。"Say with gestures."
　T："(This is the way) I…"まで言って顔を洗うジェスチャーなどをし、児童はそのジェスチャー
　　をしながら続けて言う。
　S："I wash my face.（ジェスチャーをしながら）""I put on my shoes." など
　※始めはゆっくり歌うように進め、慣れてきたらスピードをあげましょう。

②指導者が言った動作をジェスチャーしながら言う。"Do gestures and say."
　T：I wash my face.
　S：I wash my face.（言いながらジェスチャーする）
　※前単元までの既習の表現を取り入れると楽しい。
　例）"I wash my…hands!" "I wash my knees!"
　　　○子どもたち全員がよく見てジェスチャーした
　　　　り答えたりできるように、間をとったり、ス
　　　　ピードをつけたり工夫するとよい。

Good job!
Excellent!
One more time?

◆その他「ジェスチャーゲーム」の代わりに「メモリーゲーム」を行ってもよい。
　「メモリーゲーム」

①指導者が朝することを３つ動作してみせる。

②他の子どもはそれを覚えておいて、後からその動作をしながら英語を言う。
　　○子どもが問題を出して学級全体で取り組んでもよいし、ペアで行ってもよい。

本時の展開例（6回目／全12回）

	○学習活動　・留意点	指示・声かけ
あいさつ	【Greeting】30秒 ○全体にあいさつする。	T：Let's start English Time! T：Good morning, class! S：Good morning, ◇◇sensei.
歌	【Songs & Chants】5分 ○This Is the Wayを歌う。 ②ジェスチャーをしながら歌えるところを歌う。 ③指導者の朝の日課の順を紹介し、その順で全員で歌う。 ・ジェスチャーして話しながら黒板に簡単な絵を描く。 ・子ども1人に聞き、その順で全員で歌ってもよい。	T：Sing together with gestures. T：I get up and…（ジェスチャーしながら） 　① I button my shirt.（黒板に簡単な絵を描いて） 　② I wash my face. 　③ I brush my teeth. 　④ I comb my hair. 　⑤ I put on my shoes. 　　Let's sing in this order.
絵本	【Book】4分 ○No, David! を聞く。 ①表紙についてやり取りする。 ②児童がDavidになり母役の指導者の読み聞かせを聞く。	T：It's Story Time! T：What is his name?（David） T：What is he doing?（金魚鉢を持とうとしてる。こぼれそう!） T：Yes. Now, you are David. Do gestures.（読み始める） T：（必要なところでやり取り）What's this? S：おかし? T：Yes, Cookies
あいさつ	【Greeting】30秒 ○終わりのあいさつ。	T：That's all for now. S：Thank you, ◇◇sensei. T：Good job!

単元の評価の観点・方法（例）　日常の動作を表す表現を使って自分のことを表現する。

（思・判・表）

行動観察、振り返りシート

児童の振り返り（例）　Q 先生の言うことを聞いて、ジェスチャーすることができますか？
◇まだむずかしい　　○先生や友だちが動くのを見たらできる
◎だいたいできる　　☆かんぺき！

教室より

"This is the way〜"とペアで向き合って歌ってみたとき、歯磨きの仕方、髪の毛の整え方の違いに、思わず「え〜！」と歓声があがりました。「すごいね！やりかたも順番も違うこともあるんだね！友だちのことがまた1つわかったね！」と声をかけるとみんなにこにこ顔でうなずきました。

（禰宜田陽子）

ほめながら　楽しみながら

　「低学年は体を動かす。中学年は口を動かす。高学年は頭を動かす。どの学年も心を動かす。」ということばをある英語の研修で聞いたことがありました。ですので、英語短時間学習を進めるにあたっては、低学年ではできるだけ体を動かす活動を取り入れながら学習できるように工夫していきました。また、発達段階として繰り返すことが大好きなので、変化のある繰り返しや、視覚的情報も大切にしていきました。低学年の特性を生かしつつ、ほめながら、楽しみながら進めるようにしました。低学年で短時間学習を進めるにあたって、取り組んできた中での工夫を紹介します。

▶掲示物

　学習の流れを示したカードを掲示しました。 Greeting Songs and Chants Books Phonics Tasks などのカードを学習する順番に並べて掲示しておき、学習の流れを視覚的につかむことができるようにしました。英語での指示も視覚的にも伝わるようにカードにし、短時間学習の時はいつも掲示しておきました。そうすることで、英語音声の指示だけでは理解が難しく消極的になりがちな子も、自信をもって活動ができるようになりました。また、英語での指示を継続することで、絵カードを見なくても少しずつ指示が聞けるようになってきました。

▶デモンストレーション

　指導者の問いかけに子どもが答える活動やタスク活動のやり方を説明する際、指導者がぬいぐるみなどを使ってやり取りの仕方を示しました。簡単な英語で、ジェスチャーも使いながら示すことで、活動にスムースに導けるようにしました。

▶Task活動

　毎回行われるあいさつも、Greeting RelayやGreeting Gameとして、体を動かしながら楽しく活動できるようにしました。Greeting Relayはグループの友達と順番にあいさつしていく活動です。Greeting Gameでは、指導者がオルガンでHello Songを弾き、子どもたちは歌いながら教室の中を歩きます。曲が止まったらペアを作り、ジェスチャーをしながらあいさつを交わす活動です。できるだけ多くの友達とコミュニケーションをとることができるような場にすることもできました。

▶Songs and Chants

　日数をかけて同じ曲を繰り返し聞かせることで、徐々に曲に親しむようにしていきました。できるところから曲と一緒に歌うように促しました。グループ毎や列毎に歌うことで、楽しみながら何度も繰り返して、飽きることがなく音やリズムに親しむようにしました。ジェスチャーについても、子どもが体を動かすタイミングを待ったり、音にある程度親しんでから取り入れたりするようにしました。

▶Phonics

　低学年では英語の文字と名前の関係を中心に学習していきました。ABC Songを取り入れる際には、アルファベットが書かれている大きなポスターを掲示し、指導者が指さししながら歌ったり、指導者に代わって子どもが順番に指さししながら歌ったりしました。英語の文字と音の関係にもジングルを言うことで徐々に慣れ親しんでいきました。

Column

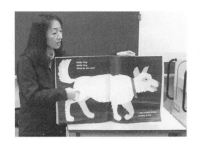

▶Books
"What's this?" "What's the color?" などのやり取りをしながら読み進めるようにしました。質問に対して、日本語で答える児童もいます。その都度、英語に直して返すことで語彙も増やしていくことができました。

子どもたちの変容

「今日ゲームしたい」や "One more time, please." とリクエストする声も聞こえるようになってきました。難しい歌や長い指示が聞き取れなくても、ジェスチャーなどの視覚的情報を手掛かりにことばの意味を推測しながら活動できるようにもなってきました。また、子どもたち同士で "Good job!" とほめ合う場面もみられるようになりました。

指導者の変容

「英語の発音に自信がもてない」や、「英語で説明することができるか心配だ」という声が初めのうちはありました。徐々に「子どもたちと一緒にDVDを見たり、ジングルを言ったりしているうちに発音がよくなった」や、「まだまだ難しい部分もあるが、英語での指導ができるようになってきた」「ほめことばが増えた」などの感想を聞くようになりました。指導者が楽しんで英語を学んでいく姿は、子どもたちにとってとてもよい見本になり、ほめることは子どもたちのできたという思いを高めることにつながりました。今後も続けていきたいと感じました。

大阪市立真田山小学校は平成25年度から3年間、小学校英語教育重点校の指定を大阪市より受けていました。当時、私が勤務していた学校です。15分間の英語短時間学習を週に3回行ったり、英語のDVD放送を行ったりして、子どもが1日に1回は英語に触れ合える環境をつくるようにしていました。

(増渕朱美)

《1日のスケジュール》

時　間	Mon	Tue	Wed	Thu	Fri
8：30－8：40	児童朝会	職員朝会		児童集会	職員朝会
8：40－8：55		英語	英語		英語
8：55－12：30	1時間目～4時間目					
12：30－13：15	英語の音楽	給食			
13：15－13：45	昼休み・清掃				
13：45－13：55	ぐんぐんタイム（基礎・基本）			英語DVD	ぐんぐん
13：55－15：35	5時間目～6時間目				

第 4 部　中学年の活動例

11 これなあに?

この単元では、身のまわりの物やそれを尋ねる表現に慣れ親しみます。児童は身のまわりにあるものを使って、英語で聞いたり言ったりできるように進めるとよいでしょう。ゲームをしたり絵本では想像力を働かせながら聞かせましょう。

単元目標 ○ "What's this?" という表現や身のまわりを表す英語に慣れ親しむ。（**知・技**）
○ "What's this?" という表現を使って想像したり言ったりする。（**思・判・表**）
○英語の歌や絵本に興味をもって聴こうとしている。（**学・人**）

表現 animals（tiger, lion, bearなど）everyday things（album, ballなど）

活動内容

教材名	活動内容（例）
[歌A] What's this?	①視聴し、聞こえた表現を出し合う。 ②歌えるところから歌う。 ③聞こえた順番に動物カードを並べて歌う。 ④What's this?または It's a 〜 . の部分だけを歌う。
[歌B] Wiggly Woo	①視聴し、聞こえた表現を出し合う。 ②歌えるところから歌う。 ③音楽を聴きながらWorm, Wiggly Woo, wiggle, whatever, wigの音が聞こえたら立つ ④指をworm（ミミズ）に見立てて、指をくねくねさせながら歌う。
[絵本] *It Looked Like Spilt Milk*	①表紙や裏表紙の絵から内容について想像する。 ②聞こえたことばを発表する。 ③模様が何に見えるかWhat's this?と尋ねながらゆっくり読む。 ④繰り返しの表現やキーワードがわかるように、ゆっくり読む。
[アルファベット] 身のまわりジングル	①視聴し、聞こえた表現を出し合う。 ②歌えるところから歌う。 ③abcをさしながら歌う。 ④ペアで交代してキーワードを言う。

—90—

単元計画

回	1（本時）	2	3	4	5	6	7	8	9	10	11	12
歌	A①	A②	A③	A③	A④	A④	B①	B②	B③	B④	B③	B④
絵本			①	②			③	③		④	④	
アクティビティ						☆						☆
アルファベット	○	○			○			○		○	○	

教材

［歌A］ "What's This?"

　（音源：CD『歌っておぼえるらくらくイングリッシュ2』成美堂、2008年など）

〈歌詞〉"What's this?" … "It's a tiger." lion, giraffe, cat, monkey, horse, dog, bear

〈概要〉8種類の動物が出てきます。What's this?と聞くときは、絵カードの一部を隠したり、ちょっとだけ見せたりすると児童の好奇心を高めることができます。（CDにはカラオケもあります。）

〈参照〉*Let's Try ! 3* Unit 8, ワークシートp.19（文部科学省）

★パワーポイントに絵を貼り付け、真っ黒にしたものを見せて、当て合いをしても楽しいです。（ワークシート参照）

★慣れてきたら、いろいろな絵カードを使ったり実物を使ったりして、応用して歌うことができます。また、小文字カードを使ってWhat's this?と尋ね、小文字に親しませることもできます。

T：Work in pairs. (Make pairs.) Face each other! Ask your friend, "What's this?"

［歌B］ "Wiggly Woo"

　（音源：CD/DVD『Superstar Songs 2』mpi、2011年）

〈歌詞〉There's a worm at the bottom of my garden, and his name is Wiggly Woo
　　　［その他の語彙］worm：ミミズ　　bottom：底、下　　Wiggly Woo：ウィグリー ウー（名前）
　　　wiggle：ピクピク動く　　wig wig：ウィグウィグ（語呂合わせ）　など

〈概要〉相手に指示する時に使うTouch your ～．の表現が繰り返され、またフレーズごとに音声に続いて言うことができる間があり、CDとともに発話しながら動くことができます。

★wの音で始まることばの時に立ったり、身体をくねくねさせたりしながら歌ってみましょう。

★腕を地面に見立て、人さし指をミミズに見立て指をピクピクさせながら動かすと可愛い動きを楽しみながら歌えます。

（参考）『Superstar Songs 2 英語のおとあそび教室』（mpi）に歌の歌詞やいろいろな遊び方が載っています。

[絵本] *"It Looked Like Spilt Milk"*

(Charles G. Show 著・イラスト、HarperCollins、1988年など)

〈概要〉 "Sometimes it looked like Spilt Milk. But it wasn't Spilt Milk" というフレーズだけで物語が進みます。空に浮かぶ雲が、あるときはウサギ、ある時はアイスクリームと、どんどんと形を変えて登場します。何に見えるかな？と子どもたちと想像しながら読み、読み終わった後で自分でも絵を描いて発表すると、お話が広がります。

[登場するもの]

Spilt Milk（こぼれたミルク）／ Rabbit（ウサギ）／ Bird（鳥）／ Tree（木）／ Flower（花）／ Ice Cream Cone（アイスクリーム）／ Pig（豚）／ Birthday Cake（誕生ケーキ）／ Sheep（羊）／ Great Horned Owl（アメリカワシミミズク）／ Mitten（手袋）／ Squirrel（リス）／ Angel（天使）

ここでワンポイント！

★それぞれのページの模様が何に見えるか、What's this?と児童に問いかけ、さまざまなやりとりをして想像をふくらませながら、読み進めていくようにしましょう。読み聞かせるときは、児童の様子を見ながら、できるだけゆっくり読むようにして下さい。

（参考）YouTube動画：https://www.youtube.com/watch?v＝4vz2BgZW2Z4

アクティビティ "What's this?"

【ルール】

①動物カード（または身の回りのもの、アルファベットカードなど）と中央に穴の開いた無地のカードを用意する。動物カードから１枚、誰にも見えないように選んでもらい、穴の開いたカードを動物カードの上に重ねる。"What's this?" と聞きながら全員に見せ、何のカードかを当ててもらう。

②各自、自由に雲を描いてもらう。完成した絵をグループで見せ合いながら、お友達に何に見えるか当ててもらう。正解者が多い人が勝ち。グループで前に出て黒板に描いてもらってもよい。

【これを言えれば！】

・Pick up a card.

・Show your card to your friends and ask them, "What's this?"

・Draw a cloud in the sky.

・Show your cloud to your friends.

・Ask them, "What's this?"

本時の展開例（1回目／全12回）

	○学習活動　・留意点	指示・声かけ
あいさつ	**[Greeting]** 30秒 ○全体にあいさつする。	T：Let's start English Time! T：Good morning, class! S：Good morning, ◇◇sensei.
歌	**[Songs & Chants]** 4分 ○What's thisを歌う。 ①聞こえた表現を出し合う。	T：Listen to the song carefully. T：What did you hear? T：Good! Now, listen carefully. T：Sing the song.
絵本	**[アルファベット]** 5分 ○身のまわり編ジングルを聞く。 ①動作をつけながら読む。 ・ゆっくり、丁寧に読む。	T：Listen to the song carefully. T：Say the Everyday Things Jingle.
あいさつ	**[Greeting]** 30秒 ○Good-byeを歌う。 ○終わりのあいさつ。	T：Sing the song, "Good-bye." T：That's all for now. S：Thank you, ◇◇sensei. T：Good job!

単元の評価の観点・方法（例）　自分の身のまわりにあるものを英語で伝え合う。（思・判・表）
　　　　　　　　　　　　　　　インタビュー、ワークシート

児童の振り返り（例）　自分の身のまわりのものを表す英語がわかる。
　　　◇まだむずかしい　　　　○先生や友だちにヒントをもらえばわかる
　　　◎何度か聞けばわかる　　☆英語を一度聞いただけでわかる

この単元では、児童が初めて見るような物を用意すると、興味をさらにかき立て、心の底から"What's this?"ということばが出てきます。

（齊藤倫子）

12 今、何時? 天気は?

この単元では、時刻と天気を表す英語に慣れ親しみます。児童は身体を動かしながら、英語を聞いたり言ったりできるように進めるとよいでしょう。単元の最後には、それらを使ってゲームをすると楽しいですね。

単元目標　○時刻や天気を表す英語に慣れ親しむ。**（知・技）**
　　　　　　○時刻や天気を表す英語を日本と世界の違いを考えながら想像したり、自分で表現したりする。**（思・判・表）**
　　　　　　○時刻や天気の歌や絵本に興味をもって聴こうとしている。**（学・人）**

表現　time (one-twelve o'clock), weather (sunny, cloudy, rainy, snowy, windy, warm, cold)

活動内容

教材名	活動内容 (例)
[歌A] The Weather Song	①視聴し、聞こえた表現を出し合う。 ②天気のジェスチャーをつけて、歌えるところから歌う。 ③お日さまのする動作もつけて歌う。
[歌B] What Time Is It?	①聞こえた表現を出し合う。 ②ジェスチャーをつけて、歌えるところから歌う。 ③質問と答えのパートに分かれて歌う。 ④世界の国の時間と天気に変えて歌う。
[絵本] What's the Time, Mr. wolf?	①表紙を見せて、簡単な英語の質問で児童の興味をひきつけるやりとりをする。 児童は聞こえた言葉を発表する。 ②指導者は絵本を読みながら、各ページの時間やでてくる物を児童に尋ねる。 ③一緒に質問や時間を言いながら、絵本を楽しむ。 (→【アクティビティ】What's the Time, Mr. Wolf?)

単元計画

回	1	2	3	4	5	6	7	8	9	10	11 (本時)	12
歌	A①	A②	A②	A③	A③	B①	B②	B②	B②	B③	B③	B④
絵　本			①	①		②	②		③		③	
アクティビティ												☆
アルファベット	○	○			○			○				

—94—

教材

[歌A] "The Weather Song"

（音源：DVD『Superstar Songs 2 DVD 目と耳で歌って覚える英語シリーズ』mpi、2011年など）

〈歌詞〉What's the weather like today? It's sunny today. The sun is showing his face…（続く）

［その他の語彙］cloudy, hiding, rainy, snowy, windy, cleaning, etc.

〈概要〉天気によって、お日さまが異なる動作をしています。お日さまが「顔を出す、隠す、洗う」（showing ／ hiding ／ washing his face）「アイスクリームをつくる」「家を掃除する」のはどんな天気でしょうか？

ここでワンポイント！

★天気のジェスチャーを児童と一緒に考えると楽しいですよ。DVDを "It's sunny today." で止めて、"Let's sing The Weather Song with gestures. What's the gesture for sunny?" と聞きましょう。

★慣れてきたら、あいさつ時に実際のその日の天気を聞いて、やりとりしましょう。

[歌B] "What Time Is It?"

（音源：CD『歌っておぼえるらくらくイングリッシュ1』成美堂、2008年）

〈歌詞〉What time is it in your town? It's seven o'clock in the morning. How is the weather today? It's a warm, sunny Sunday today…（続く）

［その他の語彙］in the evening, a cold rainy Sunday, Wednesday, etc.

〈概要〉時間を尋ねる "What time is it?"、天気を尋ねる "How is the weather today?" とその答えが繰り返されます。"How is the weather today?" と "What's the weather like today?" の意味はどちらも「今日はどんな天気？」です。

ここでワンポイント！

★はじめは、わかりやすいように、黒板に時刻や気温、天気のマークを描いてから歌いましょう。

★慣れてきたら、質問のグループ（人）と答えのグループ（人）に分かれ、向き合って歌います。ジェスチャーもつけましょう。何度も歌った後は、ペアで質問のやりとりもできるようになります。

[絵本] "What's the Time, Mr. Wolf?"

（Annie Kubler イラスト、Childs Play Intl、2004年　検索ワード：What's the time, Mr. Wolf? (song)）

〈概要〉仕掛け絵本。オオカミの口に指を入れて、表情豊かに読むことができます。"What's the time, Mr. Wolf?" と聞かれて、オオカミが時刻と何をする時間なのかを答えます。時刻はページごとに、7時から1時間ずつ5時まで進み、最後は "It's Dinner Time!" で終わります。起きる時間 "Time to get up"、朝食の時間 "Time for breakfast" など毎日すること（11種）が登場します。

［その他の語彙］

brush my sharp teeth：するどいキバを磨く　　get dressed：服に着替える

playschool：保育所　　a nap：お昼寝　　fetch：取りに行く

set the table：食卓を準備する

ポイント！

- ★ 導入時に、絵本の表紙のオオカミの口を開けて "Wow, he has a big mouth! He has sharp teeth!" などと言いながら見せると、児童はひきつけられます。
- ★ What's the time, Mr. Wolf? の部分はタイトルでもあり、繰り返しなので児童に尋ねてもらい、指導者はオオカミになりきって答えます。児童はオオカミとのやり取りを楽しみながら、内容を理解します。慣れてきたら、役割を交代することもできます。

アクティビティ "What's the Time, Mr. Wolf?" 座ったバージョン

【ルール】グループでMr. Wolfを1人選ぶ。他の児童は机を囲み、真ん中で手を重ね、What's the time, Mr. Wolf? と尋ねる。オオカミがIt's 3 o'clock.と言うと、皆で1,2,3と数える。It's dinner time! でMr. Wolf に手をつかまれる前に、すばやく手を引っこめる。つかまった児童が次のMr. Wolfになる。

【これを言えれば！】
- Let's play "What's the time, Mr. Wolf?"
- I'm Mr. Wolf. Put your hands here like this.
  Ask me, "What's the time, Mr. Wolf?"
- It's 3 o'clock. Count 1 to 3. (Good!)
- It's dinner time! Move your hands.
- （手をつかまえた児童に）You are Mr. Wolf now.

○本来は「だるまさんがころんだ」に似た遊び。オオカミが "It's 7 o'clock." と言えば7歩前へ進む。機会があれば運動場などでやってみると楽しいでしょう。

〔ワークシートの例〕

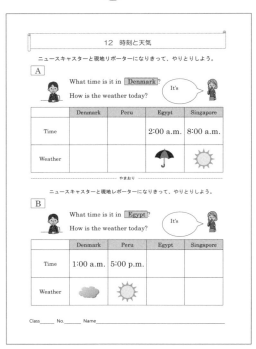

本時の展開例（11回目／全12回）

	○学習活動　・留意点	指示・声かけ
あいさつ	**[Greeting] 30秒** ○全体にあいさつする。	T : Let's start English Time! T : Good morning, class! S : Good morning, ◇◇sensei. T : How is the weather today? S : It's sunny today. T : Excellent!
歌	**[Songs & Chants] 5分** ○What Time Is It?を歌う。 ④世界の時間と天気に代えて歌う。 ・黒板に世界地図をはり、ノルウェーの時間と天気を書いて導入する。 ・まず、みんなで歌う。 ・次に質問と答えのパートに分かれて歌う。	T : What time is it in Norway? S : It's 1 o'clock. T : Great! It's 1 o'clock in the morning. How is the weather today? S : It's cold, snowy Friday. T : Super! Sing "What time is it in Norway?" today. T : Good job! T : Now, Group A, sing the question part. Group B, sing the answer part.
絵本	**[Book] 4分** ○*What's the Time, Mr. Wolf?* ③一緒に質問や時間を言いながら、絵本を楽しむ。	T : It's story time! What's the title? T : Let's ask the wolf, "What's the time?" one, two. S : What's the Time, Mr. Wolf? T : It's 7 o'clock. Time to get up. I'm …? S : Hungry! T : Well done!
あいさつ	**[Greeting] 30秒** ○Good-byeを歌う。 ○終わりのあいさつ。	T : Sing the song, "Good-bye." T : That's all for now. S : Thank you, ◇◇sensei. T : Good job!

単元の評価の観点・方法（例）　時刻や天気を表す英語を日本と世界の違いを考えながら想像したり、自分で表現したりする。（思・判・表）
行動観察、振り返りシート

児童の振り返り（例）　アクティビティシートを使って尋ね合う活動で、友だちと世界の時刻や天気を答えることができる。
　　◇まだむずかしい　　　　○友だちといっしょなら
　　◎ゆっくりならできる　　☆素早くできる

この単元後は、朝の会でどの子もその日の天気を尋ねたり、言ったりできるようになりました！

（ケイザー知子）

13 何曜日?

この単元では、曜日（days of the week）や食べ物の英語に慣れ親しみます。児童は身体で表現しながら、英語を聞いたり言ったりできるように進めるとよいでしょう。最後はグループでゲームをすると楽しいです。

単元目標
○曜日を表す英語に慣れ親しむ。（知・技）
○曜日を表す英語を言ったり、自分の好きな曜日を伝えることができる。（思・判・表）
○曜日の歌や絵本に興味をもって聴こうとしている。（学・人）

表現 Sunday, Monday, Tuesday, Wednesday, Thursday, Friday, Saturday.

活動内容

教材名	活動内容（例）
[歌A] The Days of the Week	①視聴し、聞こえた表現を出し合う。 ②歌えるところから歌う。 ③曜日のアルファベット（大文字）の形を身体で表現しながら歌う。 ④その日の曜日や児童の好きな曜日から歌う。
[歌B] A Week Song	①聞こえた表現を出し合い、出た曜日カードを黒板にはる。 ②黒板の曜日カードを指さしながら、歌えるところから歌う。 ③グループまたはペアで交互に歌う。 ④その日の曜日や児童の好きな曜日から歌う。
[絵本] Today is Monday	①表紙を見せて、簡単な英語の質問で児童の興味をひきつけるやりとりをする。指導者は絵本を読みながら、曜日を問いかける。 ②絵本に出てくる食べ物を表す動作をしながら聞く。 ③繰り返し出てくる曜日と食べ物を一緒に言えるようにする。

〔曜日カードの例〕

単元計画

回	1	2 (本時)	3	4	5	6	7	8	9	10	11	12
歌	A①	A②		A③	A③	A④	B①	B②	B③		B③	B④
絵　本		①	①		②	②		②	③	③		
アクティビティ												☆
アルファベット	○		○	○			○			○	○	

教材

[歌A] "The Days of the Week"

（音源：DVD『Superstar Songs 2 DVD 目と耳で歌って覚える英語シリーズ』mpi、2011年など）

〈歌詞〉Sunday, Monday, Tuesday, Wednesday, Thursday, Thursday, Friday, Saturday, Sunday comes again. Monday, Tuesday, Wednesday, …（続く）

〈概要〉曜日を日曜日から順に言います。ただしThursdayは2回続けて言います。曲の2番は、Mondayから始まり、ThursdayではなくFridayを2回続けて言います。児童と一緒に確認してから歌うと、混乱がないでしょう。

ここで ワン ポイント！

★各曜日の頭文字（大文字）の形は、DVDを参考にできます。ただし、Thursdayは頭文字ではなく、発音の仕方で舌を上の歯と下の歯で挟んで出すイメージの動作をします。thは2文字で1つの音です。動作をすることでthの発音を意識できます。

★慣れてきたら、"What day is it today?" と尋ね、"Let's sing from Friday." とその日の曜日から歌ったり、"What day do you like?" と尋ね、児童の好きな曜日から歌うと楽しいでしょう。

[歌B] "A Week Song"

（音源：CD『歌っておぼえるらくらくイングリッシュ1』成美堂、2008年）

〈歌詞〉Sunday, Monday, Tuesday, Wednesday, Thursday, Friday, Saturday, Sunday comes again. … There are seven days in a week.

〈概要〉The Days of the Weekよりややスピードが速くなります。2回続けて言う曜日はありません。女性が2回、男性が2回歌ったあとは、カラオケが1回入っています。

ここで ワン ポイント！

★慣れてきたら、歌いながら曜日の最初の文字を大きく空書きしたりするのもよいでしょう。

★グループやペアで歌うときは、曲の1番はAグループ、2番はBグループが歌ったり、曜日ごとに交互に言ったり、いろいろなバリエーションが考えられます。

［絵本］ *"Today is Monday"*

（Eric Carle 著・イラスト『小学校英語35 New English Songs』に歌のCDがあります。検索ワード：Today is Monday）

〈概要〉月曜に食べる物、火曜の食べ物→月曜の食べ物、水曜の食べ物→火曜の食べ物→月曜の食べ物
…と毎回曜日をさかのぼります。水曜の食べ物はZOOOOPです。これはsoup（スープ）のこと
で、ゾウがスープをすするので、**ZOOOOP**になっています。大げさに音を立てて読みましょう。

［動きの例］

String beans（さやいんげん：両手で長い豆を描く）／ Spaghetti（両手でぐるぐる巻く）／
ZOOOOP（スプーンですくって食べる、またはゾウの鼻からスープを飲む）／ Roast beef（片
手のナイフでもう片手のお肉を切る）など。あくまで例ですので、児童とやりとりしながら、
面白い動作を一緒に考えるとよいでしょう。歌は「曜日＋食べ物＋All you hungry children
come and eat it up.」が繰り返されます。

ここで **ワン** ポイント！

★慣れるまでは、1回ずつページを戻って絵を見せ、児童が食べ物を思い出せる工夫をして読みましょう。
また曜日や食べ物にジェスチャーをつけると、イメージが掴め、出てくる順番も覚えやすくなります。
★絵本の言葉を指導者と一緒に言うことで、児童は英語で書かれた本を読んだ気持ちを味わうことができ、
自主性が芽生えます。

アクティビティ　*"Sunday wow!"*

【ルール】4〜5人のグループで行う。輪になり、最初の人が *"Sunday"* と言って自分以外の人を
さす。さされた人は *"Monday"* と言って自分以外の人をさす。最後 *"Saturday"* でさされた人
の両隣の人は *"Wow!"* と言わなければならない。

【これを言えれば！】

Let's play "Sunday wow!" Make a circle.

The first player, say "Sunday" and point to a friend.

Now you are the next player. Say "Monday" and point to a friend.

Keep playing like this.

At last, say "Saturday." The people on both sides say "Wow!"

○ルール説明は短く日本語で言ってもかまいません。

○英語で指示する場合は、1つのグループを立たせて、実際にやって見せましょう。

○慣れてきたら、リズムよく言えるように声かけをしましょう。

○別の曜日から始めたり、Wow! をHappy! などの別の言葉に変えるのも楽しいです。

本時の展開例（2回目／全12回）

	○学習活動　・留意点	指示・声かけ
あいさつ	**【Greeting】30秒** ○全体にあいさつする。	T：Let's start English Time! T：Good morning, class! S：Good morning, ◇◇sensei.
歌	**【Songs & Chants】4分** ○The Days of the Week (0：49) ①視聴し、聞こえた英語を出し合う。 ・もう一度視聴し、他の曜日はないか確かめる。 ②歌えるところを歌う。	T：Listen to the song. T：What did you hear? T：There are more. Listen again. T：Excellent! Now, listen and sing.
絵本	**【Book】5分** ○*Today is Monday*を聞く。 ①表紙を見せて、簡単な英語の質問で児童の興味をひきつけるやりとりをする。 *Today is Monday*を読む。	T：It's Story Time! 　　What animal is this? S：Cat! T：That's right! What color is it? S：Black! T：Good. Is the cat hungry? S：Yes! T：I think so, too! Now, listen carefully. T：Good listening. What did you see on Monday?
あいさつ	**【Greeting】30秒** ○Good-byeを歌う。 ○終わりのあいさつ。	T：Sing the song, "Good-bye." T：That's all for now. S：Thank you, ◇◇sensei. T：Good job!

単元の評価の観点・方法（例）　曜日を表す英語を言ったり、自分の好きな曜日を伝えることができる。
　　（思・判・表）
　　　　　　　　　　　　　行動観察、指導者の個別確認

児童の振り返り（例）　曜日の歌を歌ったり、自分の好きな曜日を伝えることができる。
　　　　　　　　　◇まだむずかしい　　　　　　　　○歌は歌える
　　　　　　　　　◎ゆっくりなら好きな曜日も言える　☆どちらもできる

この単元に出てくる歌や絵本も子どもたちは大好きで、すぐに歌えるようになりました！DVDや絵本、動画と一緒に、一生懸命動作もしてくれます。

（ケイザー知子）

14 12か月／季節

この単元では、12か月（12 months）や季節（seasons）の英語に慣れ親しみます。児童が英語で12か月がわかったり、自分の誕生月が言えたり、絵本を聞いて季節を感じられるように進めるとよいでしょう。

単元目標
○12か月と季節を表す英語に慣れ親しむ。（知・技）
○12か月と季節を表す英語を表現したり、誕生月を使ったやりとりをする。（思・判・表）
○英語の歌や絵本に興味をもって聴こうとしている。（学・人）

表現 12 months (January – December), 4 seasons (spring, summer, fall, winter)

活動内容

教材名	活動内容（例）
[歌A] The Months of the Year	①視聴し、聞こえた表現を出し合う。 ②ジェスチャーをつけて、歌えるところを歌う。 ③グループやペアに分かれて歌う。 ④自分の誕生月に立って歌う。
[歌B] 12 Months of the Year	①聞こえた表現を出し合い、出た月カードを黒板にはる。 ②黒板の月カードを指さしながら、歌えるところを歌う。 ③グループやペアに分かれて歌う。 ④自分の誕生月に立って歌う。
[絵本] The Happy Day	①絵本を視聴する。 ②聞こえたことばを出し合う。 ③お話の内容や季節について、簡単な質問に答える。

〔月カードの例〕

単元計画

回	1	2	3	4	5	6	7	8	9 (本時)	10	11	12
歌	A①	A②	A②	A③	A③	A④	B①	B②	B②	B③	B③	B④
絵　本			①	①		②	②		③	③		
アクティビティ					☆						☆	
アルファベット	○	○			○			○			○	○

教材

［歌A］ "The Months of the Year"

（音源：DVD『Superstar Songs 3 DVD 目と耳で歌って覚える英語シリーズ』mpi、2011年など）

〈歌詞〉January, February, March, April, May, June, July, August, September, October, November, December. These are the months of the year.

〈概要〉歌を歌いながら、12か月の表現に慣れていきます。1番は1月から12月を順に歌い、最後に「これが12か月です。」2番は "One", "January" ／ "Two", "February" ／…と数字、月の名前を順に言うチャンツになっています。

ここでワンポイント！

★ジェスチャーをつけて歌うと、英語とその意味を自然に結びつけることができます。2番は数字を言うグループと月の名前を言うグループに分かれるとよいでしょう。ペアで向かい合って言うこともできます。

★自分の誕生月で立たせる時は、"My birthday is in October. When is your birthday?" と確認してから始めると、児童も容易に理解できますね。

［歌B］ "12 Months of the Year"

（音源：CD『歌っておぼえるらくらくイングリッシュ2』成美堂、2008年）

〈歌詞〉January～December. I wish you happy holidays and a happy new year.

〈概要〉1番と2番は同じ歌詞です。3番はカラオケバージョンになっています。I wish you happy holidays and a happy new year. は「よいお年を」と似た意味です。

ここでワンポイント！

★月の絵カードを黒板に提示し、その部分を歌う時には、指導者が指をさして注目させるようにしましょう。絵カードは毎回黒板に提示し、単語の発音を思い出す手がかりにします。

★季節の英語と合わせて、"What season is January?" と児童に考えさせてみましょう。"What season is it now?" "What season is it in Australia?" と尋ねることもできます。

[絵本] "*The Happy Day*"

(Ruth Krauss著、Marc Simontイラスト、Harper Collins、1989年)

〈概要〉雪深い森の中、**field mice**（野ねずみ）、**bears**、**snails**（かたつむり）、**squirrels**（リス）、**ground hogs**（山ねずみ）が眠っています。目を覚ました動物たちは、くんくんと匂いを嗅ぎ（**sniff**）、走り出します（**run**）。彼らが見つけた物とは？！児童は想像力を働かせて、お話の英語を聞くことができます。邦題は『はなをくんくん』

[その他の語彙]

The snow is falling. 雪が降っている。 **shells** 殻、**laugh** 笑う、**growing** 育っている

ここで **ワン**ポイント！

★白と黒だけで表現された冬（winter）の雪景色の中、見つけた黄色の花から春（spring）が訪れる喜びを共感できる絵本です。夏（summer）と秋（fallまたはautumn）も紹介し、"Do you like winter?" や "What season do you like best?" とやりとりしましょう。

★お話に慣れてきたら、指導者はsleep(ing), sniff, run, stop, dance等を読まずに、必要ならば動作をして見せて、児童から英語を引き出してみましょう。

アクティビティ　グループやペアで歌を歌う。

【ルール】順序は大人数から少人数へ。

　①クラス全体で歌う。②クラスを半分に分けて歌う。③列や班ごとに歌う。④ペアで歌う。

【これを言えれば！】

②・You are in group A. You are in Group B. Group A, sing ～ . Group B, sing ～ .

③・This line, sing ～ . This line, sing ～ .

　・Group 1, sing ～ . Group 2, sing ～ .

④・Make pairs. A, B, A, B, … Who is A? Raise your hands.

　　A, sing first または the question part.

○指導者はジェスチャーをつけて、わかりやすく指示を示すことが大切です。

○少人数で歌って、声があまり出なくなってしまった場合は、児童にまだ自信がないのかもしれません。そんなときは、焦らず大人数に戻って自信がつくまで歌うとよいでしょう。

本時の展開例（9回目／全12回）

	○学習活動　・留意点	指示・声かけ
あいさつ	**[Greeting]** 30秒 ○全体にあいさつする。	T：Let's start English Time! T：Good morning, class! S：Good morning, ◇◇sensei.
歌	**[Songs & Chants]** 4分 ①12 Months of the Yearを歌う。 ②黒板の月カードを指さしながら、歌えるところを歌う。 ・1番を聞いて、カードを並べる。 ・2番、3番（カラオケ）を歌う。	T：Listen to the song. T：Put the cards in order. No.1? No.2? T：Point to the cards and sing the song.
絵本	**[Book]** 5分 ○The Happy Day を聞く。 ③お話の内容や季節について、簡単な質問に答える。	T：It's Story Time! 　　Do you remember the title? S：The Happy Day. T：Good! Now, listen carefully. T："The bears are …" S：Sleeping! T：Great! T：It's winter. Do you like winter? S：No. T：I see. Do you like summer? T：At last. It's spring!
あいさつ	**[Greeting]** 30秒 ○Good-byeを歌う。 ○終わりのあいさつ。	T：Sing the song, "Good-bye." T：That's all for now. S：Thank you, ◇◇sensei. T：Good job!

単元の評価の観点・方法（例）　12か月と季節を表す英語を表現したり、誕生月を使ったやりとりをする。　　　　　　　　　　　　　　　　　　　　　　　　　　　**（思・判・表）**
　　　　　　　　　　　　　行動観察、振り返りシート

児童の振り返り（例）　英語で12か月や自分の誕生月を伝えることができる。
　　　　　　　　　◇まだむずかしい　　　○絵のヒントがあればできる
　　　　　　　　　◎だいたいできる　　　☆素早くできる

子どもたちにとって自分の誕生日は特別な日ですから、誕生月を聞いてあげると、とても喜びます。それを英語で言えることは、さらに特別なようです。

（ケイザー知子）

15 おなかすいてる?

この単元では、歌やストーリーを通して気持ちを尋ねる表現に慣れ親しみます。身体を動かしながら、自分の気持ちを英語で表現してみましょう。また絵本では主人公の気持ちの変化を追いながら聞かせましょう。

単元目標　○気持ちを表す表現に慣れ親しむ。**（知・技）**
　　　　　　　○気持ちを表す表現を使ってお互いの気持ちを聞いて言える。**（思・判・表）**
　　　　　　　○英語の歌や絵本に興味をもって聴こうとしている。**（学・人）**

表現　feelings (sleepy, hungry, angry, happy, sad, surprised, hot, coldなど)

活動内容

教材名	活動内容 (例)
[歌A] Are You Hungry?	①視聴し、聞こえた表現を出し合う。 ②気持ちをジェスチャーで表現しながら歌う。 ③気持ち絵カードを聞こえた順に黒板に貼る。 ④質問／答えるグループに分かれ、ジェスチャーをつけて歌う。
[歌B] If You're Happy	①視聴し、聞こえた表現を出し合う。 ②歌えるところから歌う。 ③ジェスチャーをつけながら歌う。
[絵本] *When Sophie Gets Angry－Really, Really Angry*	①表紙の絵から Sophieの気持ちやその理由について想像する。 ②Sophieの気持ちの変化を感じながら聴く。（CDの活用） ③次に起こることを想像しながら聴く。
[アルファベット] 身の回りジングル	①視聴し、聞こえた表現を出し合う。 ②歌えるところから歌う。 ③abcをさしながら歌う。 ④ペアで交代してキーワードを言う。

単元計画

回	1	2	3 (本時)	4	5	6	7	8	9	10	11	12
歌	A①	A②	A③	A③	A④	A④	B①	B②	B②	B③	B③	B③
絵　本			①	①		②	②		③	③		
アクティビティ						☆						☆
アルファベット	○	○			○			○			○	

－106－

教材

［歌A］"Are You Hungry?"

　　（音源：CD『歌っておぼえるらくらくイングリッシュ1』成美堂、2008年など）

〈歌詞〉"Are you sleepy?" - "Yes, I am.", "Are you hungry?" - "No, I'm not."

　　　［その他の語彙］angry, happy, sad, surprised, hot, cold

〈概要〉指導者がまずジェスチャーで表現し、児童の興味関心を高めます。大きなジェスチャーの児童に見本としてやってもらい、全体の意欲を高めましょう。（CDにはカラオケもあります。）

〈参照〉*Let's Try! 1* Lesson 2

ここでワンポイント！

★Are you〜? と質問するグループ、Yes, I am. / No, I'm not.と答えるグループに分かれて歌う場合は、まず指導者と児童で例を見せてから行います。最初はグループで、最後にペアでできるように進めていきましょう。始めは歌詞と同じように歌い、慣れてきたら、自分の気持ちを答えるようにしましょう。

★歌に慣れてきたら、Are you 〜？の表現を使って、お互いの気持ちを聞き合う活動につなげます。

［歌B］"If You Are Happy"

　　（音源：CD/DVD『Super Simple Songs 2』Super Simple Learning、2011年など）

〈歌詞〉If you're happy, happy, happy, clap your hands

　　　［その他の語彙］angry：stamp your feet, scared：say Oh, no, sleepy：take a nap など

〈概要〉DVDを見ながら同じように動作をまねて歌います。気持ちにあったジェスチャーをしながら身体を動かしていきましょう。

〈参考〉『The Best of Wee Sing 1』では、動きが違うため、そちらを導入しても楽しいでしょう。

　　　歌詞　If you're happy and you know it, clap your hands.

　　　　　　If you're happy and you know it then your face will surely show it.

　　　　　［そのほかの語彙］stamp your feet, shout hooray, do all three

ここでワンポイント！

★グループに分かれ、既習のほかの気持ちの表現を使って、動きを考えてみると楽しいでしょう。

★オンラインではさまざまなバージョンを見ることができます。そちらを利用して身体を動かすことで繰り返し楽しむことができます。

（参照：https://www.youtube.com/watch?v＝71hqRT9U0wg）

[絵本] "When Sophie Gets Angry-Really, Really Angry"
（Molly Bang 著・イラスト、Scholastic Bookshelf、2004年など）

〈概要〉このお話は、Sophieの気持ちの動きに共感できるなど、話の概要をとらえ楽しめるよさがあります。ストーリーは次のように展開します。
- 妹とゴリラのぬいぐるみの取り合いをしている。
- 母に譲ってやれと言われて激怒する。
- 家を飛び出して、森に入っていく。（fernsは「しだ類」のこと）
- 大きな木 beech tree に出会って、登ってみると、海が見えた。
- 海を見て心を落ち着け、家に帰った。
- お家に帰ってほっとして、もう怒らなくなった。

 ポイント！

★表紙を見せながら、Sophieがなぜ怒っているのか想像してみましょう。
★CDにはBGMが効果的に含まれているので、活用したり、読み聞かせの参考にしましょう。

アクティビティA　"BONGO"

【ルール】6マスの用紙にスマイリーなどで顔を描く。先生が顔のカードの中から1枚ずつ引き、引いたカードを見せながら、"Are you hungry?"となどと聞く。シートにその絵がある人は"Yes, I am."と答えて絵を消し、ない人は"No, I'm not."と答える。最初に全部消えた人が勝ち。

【これを言えれば！】
T：Let's play BONGO. Draw 6 faces in the square.
T：I will pick up the card. If you have the same face, please say, "Yes, I am," and cross it out.
T：If you don't have the same face, please say, "No, I'm not."
T：When you crossed out all faces, say "BONGO."

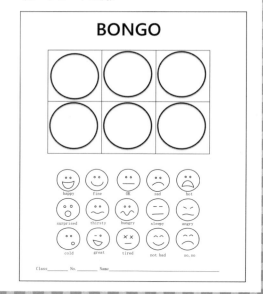
〔ワークシートの例〕

アクティビティB　"Guessing Game"

【ルール】児童の中から一人選び前に出てもらい、他の児童には、あらかじめその児童の気持ちを予想してもらう。その後全員で今の気持ちを聞き、予想が当たったらワンポイントもらえる。
（先生が前でしてもよいし、グループまたはペアで行動してもよい。また、ワークシートを作ってインタビュー形式にしてもよい。）

【これを言えれば！】
T：Let's play a guessing game.
T：Are you hungry ／ angry ／ sleepy?など

本時の展開例（3回目／全12回）

<table>
<tr>
<th></th>
<th>○学習活動　・留意点</th>
<th>指示・声かけ</th>
</tr>
<tr>
<td>あいさつ</td>
<td>【Greeting】30秒
○全体にあいさつする。</td>
<td>T：Let's start English Time!
T：Good morning, class!
S：Good morning, ◇◇sensei.</td>
</tr>
<tr>
<td>歌</td>
<td>【Songs & Chants】4分
○What's thisを歌う。
・気持ちをジェスチャーで表現しながら歌う。
・8名の児童が気持ち絵カードを聞こえた順に黒板に貼る。</td>
<td>T：Sing the song with gestures.

T：Put the cards in order.
　 I need eight volunteers.
　 Who wants to try?
　 ○○san, thank you.
　 Put a card on the blackboard.
T：Sing the song with gestures.</td>
</tr>
<tr>
<td>絵本</td>
<td>【Book】5分
○ When Sophie Gets Angry-Really, Really Angryを聞く。
・表紙の絵からSophieの気持ちやその理由について想像する。
・Sophieの気持ちの変化を感じながら聴く。
（CDの活用）</td>
<td>T：It's Story Time!
　 Listen carefully.

T：Her name is Sophie.
　 She is angry. Why?</td>
</tr>
<tr>
<td>あいさつ</td>
<td>【Greeting】30秒
○Good-byeを歌う。
○終わりのあいさつ。</td>
<td>T：Sing the song, "Good-bye."
T：That's all for now.
S：Thank you, ◇◇sensei.
T：Good job!</td>
</tr>
</table>

単元の評価の観点・方法（例）　　自分の気持ちを英語で伝え合う。（**思・判・表**）
　　　　　　　　　　　　　　　　　　インタビュー活動、ワークシート

児童の振り返り（例）　　自分の気持ちを表す英語表現や答え方がわかる。
　　　　　　　　　　　　　　◇まだむずかしい　　○絵のヒントを見たり先生や友だちと一緒ならわかる
　　　　　　　　　　　　　　◎だいたいわかる　　☆いろんな表現がわかり自分でも使える

教室より

この単元で感情表現を習うと、英語の授業の最初のやりとりや、ちょっとした普段の会話の中でも使う児童が出てきました。特に、I'm hungry. やI'm sleepy. I'm hot.などは、すぐに使いたくなるようです。

（齊藤倫子）

楽しみながら発音練習をしてみたら…

「英語のモジュール、始まるよ」と聞いたときに、「えー」以外の言葉が浮かばないほど戸惑いました。英語が得意でない私が、「週に3回もできる訳ないやん」の思いで、とにかくスタートしました。しかし、日々取り組みを進めていく中で、子どもの耳が育つのを実感しました。「先生、りんごってアップルなん？ アッポーやんな？」と話していました。子どもの頑張りにも答えたい気持ちもわいてきて、「よし、私も月に一個ずつクラスルームイングリッシュを増やすぞ」と思いました。

子どもが英語にふれる機会をつくる際に、いろいろな教材や絵本を使ってきました。その中でも、子どもが楽しく活動できた『バナナじゃなくて banana チャンツ』（以下、『バナナチャンツ』）を使ったアクティビティがあります。

『バナナチャンツ』を使用するよさは、テーマ別コンテンツが10種類あり、単語量が豊富です。英語と思って使っていた言葉の中で、ポルトガル語やフランス語などを語源としているものも含まれているので、全然違う言い方をすることを知り、「えー、シュークリームって "cream puff" って言うの」などと新たな発見に喜びの声があがりました。手拍子などのリズムをとることも入れながら、音楽に合わせて手拍子を変えたり、机をたたいたりしながら発音練習していました。

発音に慣れてきたら、絵カードを使用してアクティビティをすることができます。リレーゲーム（1）でリレー形式にすると喜んで活動します。同じことを繰り返していても、何度も楽しめます。選んだカードにより難易度が違ってくるので楽しむことができるのです。「ホッチキス」のカードは「何やったっけー？」と悩む様子が見られ、「ABC」のカードが出ると、「やったー！」と声が上がります。

発音ゲーム（2）ではポイント制のほか、言うことができたら座るようにすると、発音を思いつかない子どもにささやいて教えるなど、助け合うようになります。「がんばろう！」「だれか教えて」などとチームで協力して活動する様子も見られました。一人では言いにくい子どもは、助けがあると言えるという自信にもつながります。「英語、上手に言えたね」と声をかけると、にっこり笑顔が返ってきました。ほかにも、ジェスチャーゲーム（3）やミッシングゲーム（4）などでも『バナナチャンツ』の単語が使えます。

アクティビティをするときに、"Are you ready?"、"Yeah（Yes）!" などの掛け声と、スタートの "3・2・1・0・Go!" などの合図や身振りを決めておくと、子どもたち同士が休み時間にほかの遊びをしているときにも使っていて、英語が自然に会話の中に入ってきたなという実感がわきました。発音なんて上手に言えないし、私が教えるなんて無理だと思っていた英語のモジュールですが、週に3回触れ合っているうちに、子どもたちが上達するのと合わせて、一番育てられていたのは私自身ではないかと実感しています。

(植村治美)

参考文献　『バナナじゃなくてbananaチャンツ』mpi, 2007

Column

『バナナチャンツ』を使って色々な工夫でアクティビティにチャレンジ！

（1）リレーゲーム

①絵カードを指導者が1枚選び、どのチームが早く言い終わるかを競います。

②チームの形式を班、列、右と左などと変えていくと、何度も楽しめます。

③1種類のカードにせず、チーム一つひとつが別のカードを選ぶようにします。選んだカードにより難易度が違うと感じて楽しむことができます。

（2）発音ゲーム

①チームを作り、提示された絵カードを、代表者が発音することがきるかを競います。

②チームの代表者が立ち、提示された単語を言えたら、代表者は座ります。

③言えたらチームで1ポイントなどと点数を決めます。ポイントを取るという目標ができ、楽しめることができます。

（3）ジェスチャーゲーム

①「バナナじゃなくて、banana」などと発音するときに、ジェスチャーを入れます。

②出題者がジェスチャーしたことを、全員で当てます。

③チーム対抗にして、時間内に何問答えられるかを競うこともできます。

（4）ミッシングゲーム

①何種類かのカードを使用し、目を閉じている間に何枚のカードが無くなっているかを当てます。

②提示するカードの数を変えたり、無くなるカードの数を変えたりすると楽しめます。

③正解発表のときに、全員で発音すると、発音の繰り返し練習にもなります。

16 くらべてみよう

この単元では、絵本や歌を通して物や身体などの状態をあらわす語彙にふれます。高い、低いや、大きい、小さいなどの表現にふれ、歌ったり読んだりしましょう。児童といろいろな語彙を用いた活動やゲームを楽しみましょう。

単元目標 ○物や身体などの状態を表す英語表現に慣れ親しむ。**(知・技)**
○物や身体などの状態を表す英語表現を用いて自分で考えて動いたり言ったりする。
(思・判・表)
○英語の歌や絵本に興味をもって聴こうとしている。**(学・人)**

表現 low, high, slow, quick, small, big, heavy, light, short, long, little, hot, cold.

活動内容

教材名	活動内容 (例)
[歌A] I'm a Little Teapot	①視聴し、聞こえた表現を出し合う。 ②指導者の動作を見ながら聞き、歌えるところを歌う。 ③ジェスチャーをつけながら歌う。 ④歌詞の "t" を指さし、動作もつけながら歌う。
[歌B] Peas Porridge Hot	①視聴し、聞こえた表現を出し合う。 ②指導者の動作を見ながら聞き、歌えるところを歌う。 ③ジェスチャーをつけながら歌う。 ④ペアになりジェスチャーをつけながら歌う。
[絵本] The Foot Book	①視聴し、聞こえた表現を出し合う。 ②身体の部位に触れながら、言えるところを言う。 ③ジェスチャーをつけながら言う。 ④リズムよくジェスチャーをつけながら言う。

単元計画

回	1	2	3	4	5	6 (本時)	7	8	9	10	11	12
歌	A①	A②	A②	A③	A③	A④	B①	B②	B②	B③	B③	B④
絵 本		①	①	②		②	③		③		④	④
アクティビティ						☆						☆
アルファベット	○	○				○			○		○	

—112—

教材

[歌A] "I'm a Little Teapot"
　　（音源：*We Can! 1* Unit 2、mpi、2009年など）
〈歌詞〉I'm a little teapot, short and stout. Here's my handle, here is my spout.
　　　When I get all steamed up, hear me shout, Tip me over and pour me out.
〈概要〉英米で親しまれているマザーグース（伝承童謡）の遊び歌で、お茶を注ぐまでの様子を歌詞にしています。私は小さくてころんとした形のティーポット。これが取っ手でこれが口。沸騰したら叫ぶから傾けて注いでね、という歌です。

[絵本] *I'm a Little Teapot* (Iza Trapani's Extended Nursery Rhymes)
　　（Charlesbridge、1998年）

★ジェスチャーをつけて歌えるとても楽しい歌です。クラスのみんなで踊りながら歌いましょう。
★歌の歌詞にはアルファベットのt、/t/という音がたくさん含まれています。歌詞をみながらtという文字を指さしながら歌ってみましょう。

[歌B] "Peas Porridge Hot"
　　（音源：DVD『Dream 2』大阪市　『SWITCH ON 2』mpi、2016年など）
〈歌詞〉Peas porridge hot, peas porridge cold, peas porridge in the pot, nine days old.
〈概要〉伝統的な手遊び歌です。日本の「せっせっせ」のように誰もが知っている歌で外国の子どもが楽しく歌っています。えんどう豆のおかゆを寒い日に温めては何日も食べるという意味の歌です。9日間も持つのですね。（イギリスの歌）

★友だちと向き合ってジェスチャーをしながら歌ったり、スピードをあげて速く歌ったりしてみましょう。韻をふんでいるので同じことばの繰り返しを楽しみましょう。T：Work in pairs.（Make pairs.）Face each other! Sing the song with the gestures！

[絵本] **"The Foot Book"** Dr. Seuss's Wacky Book of Opposites

（Dr. Seuss 著、mpi、2010年）

〈概要〉左足、右足、赤色の足、黒色の足、濡れた足、乾いた足、遅い足、速い足などいろいろな足が登場します。形容詞の反対語が愉快なイラストと共にたくさんでてきます。

ここで ワン ポイント！

★絵本の１ページにlow foot, high footがあります。Which is higher? Which is lower?
などと尋ねてみましょう。楽しいイラストを見ながら、だんだん語彙が理解できるようになるでしょう。

★読み方を、Slow feetはゆっくり、Quick feetはすばやくなどリズミカルに読み進めると楽しいでしょう。
児童とジェスチャーをしながら読み進めてみましょう。

★シャウトゲーム：指導者が "High foot!" と叫ぶ。絵本にでてくる語を覚えている児童が "Low foot!" と叫びます。言えた人に１ポイント。児童が指導者役をしてもいいですね。（第12回目）

アクティビティ "I Spy Game"

【ルールＡ】

I'm a Little Teapot.では "T" の文字を指さしながら歌う。アルファベットのＡ～Ｚの好きな文字を使い、その文字から始まる単語を言う。

【これを言えれば！】

・Let's play "I spy game."

・I spy something with A. And you say a word beginning with A.

・Can you do that?（Good!）

・Great! It's your turn.

・Who wants to be a leader ／ teacher?

○I Spy Gameは文字だけではなく、色（I spy something yellow.）や物（野菜や果物、動物などに限定して行う）など応用範囲が広いゲームです。外国の子どもたちは、I spy with my little eye beginning with ～ .というようですが短く言ってもよいでしょう。

動物：I spy something with long ears, red eyes, white body…（rabbit）

野菜：I spy something green. It is long. It is in the potato salad.（cucumber）

本時の展開例（6回目／全12回）

	○学習活動　・留意点	指示・声かけ
あいさつ	**[Greeting]** 30秒 ○全体にあいさつする。	T：Let's start English Time! T：Good morning, class! S：Good morning, ◇◇sensei.
歌	**[Songs & Chants]** 6分 ○皆で動作をしながら歌を歌う。 ・I spyゲームの説明をしてからAlphabet jingleを言う。（どの種類のジングルを使用してもよい） ・誰かが指導者役になったりしながらクラス全員で活動する。	T：Sing the song, "I'm a little pot." T：Let's play a game! I spy game. 　　I'll show you how. 　　(Show the gestures of the "Spy.") T：I spy something with O. S：Octopus! Orange! Onion! T：Good! Who wants to try? 　　Kota, come up to the front.
絵本	**[Book]** 3分 ○The Foot Bookを聞く ・右足、左足をタッチしたり、指導者の動きを見ながら言う。	T：It's Story Time! 　　Now, try to read the story with the gestures. 　　Left foot? Right foot?
あいさつ	**[Greeting]** 30秒 ○Good-byeを歌う。 ○終わりのあいさつ。	T：Sing the song, "Good-bye." T：That's all for now. S：Thank you, ◇◇sensei. T：Good job!

単元の評価の観点・方法（例）　物や身体などの状態を表す英語表現を用いて自分で考えて動いたり言ったりする。（思・判・表）
行動観察、先生の個別確認

児童の振り返り（例）　先生のいう英語表現をきいてジェスチャーができる。
◇まだむずかしい　○絵などがあれば意味がわかる
◎ヒントがあれば動くことができる
☆表現を用いて動いたり言ったりできる

I spyゲームは学齢に合わせて楽しむことができます。低学年はことばではなく身体を動かして活動します。教室で、I spy something black! と言うと全員が黒いものをさがして動き回ります。児童全員が参加でき、盛り上がる活動です。

（西川幸子）

17 科目・時間割

この単元では、科目名に慣れ親しみ、時間割やそれについての自分の考えを言えるとよいでしょう。児童が学校での一日の生活について考え、好きな科目や時間割の曜日などを伝え合えるように進めましょう。

単元目標 ○時間割にある科目と曜日の言い方に慣れ親しむ。**（知・技）**
○自分の好きな科目やその科目のある曜日を伝え合う。**（思・判・表）**
○自分から科目名を知ろうとしたり、好きな科目を伝えようとする。**（学・人）**

表現 Japanese, English, math, social studies, home economics, calligraphy, P.E., music, moral education, arts and crafts, science, cleaning time, recess

活動内容

教材名	活動内容 (例)
[歌A] What do you have on Monday?	①映像を視聴し、聞こえた言葉を出し合う。（字幕なし） ②歌えるところから歌う。あとについて歌う。（字幕あり） ③自分の好きな科目と曜日を入れて歌う。 ④質問と答えのかけ合いをしながら歌う。
[歌B] Sport Jingle	①映像を視聴し、聞こえた言葉を出し合う。（字幕なし） ②言えるところから言う。あとについて言う。（字幕あり） ③自分の好きなスポーツを入れて言う。
[絵本] *Carrot Seed*	①指導者の読み聞かせを聞き、その後感想を伝え合う。 ②指導者の読み聞かせを聞き、言えるところは一緒に言う。 ③1ページずつ指導者とともに言う。

単元計画

回	1	2	3	4	5	6	7	8	9	10 (本時)	11	12
歌	A①	A②	A③	A③	A④	B①	B②	B②	B③	A③ B③	B③	A④ B③
絵　本			①	①		②	②		③		③	
アクティビティ						☆		☆		☆		☆
アルファベット	○	○			○			○			○	

—116—

教材

[歌A] "What do you have on Monday?"
（音源：*We Can! 1* Unit 3）

〈歌詞〉What do you have on Monday? I have math. I have P.E. I have science and music, too. Monday, Monday is fun. What do you have on Thursday? I have Japanese. I have English. I have social studies, too. Thursday, Thursday is fun.

〈概要〉時間割を尋ねて、その曜日にある科目をリズムよく答えます。かけ合いをしながら楽しく歌うことで好きな曜日や科目について質問したり、質問に答えたりして伝え合うことができるようになります。

[歌B] "Sport Jingle"
（音源：DVD　大阪市教育委員会、真田山小学校作成）

〈歌詞〉athlete, baseball, cricket, dodgeball, elephant polo, fencing, golfなど

〈概要〉いろいろなスポーツがa～zまで26種紹介されています。日本語になっているスポーツも英語と日本語では発音が異なるので、よく聞いて真似をして繰り返すように声をかけましょう。めずらしいスポーツも紹介されています。
　cricket、polo、elephant polo、nordic combined、racquetballなど聞きなれないスポーツもあります。zのzorb（ゾーブ）は、人が巨大なボールに入り転がって楽しむもので、これをすることをzorbingと言います。

- ★科目と曜日をリズムにのせて言ってみましょう。時間割から自分の好きな科目と曜日を伝え合いましょう。"I like music on Friday." "I like science on Tuesday." 時間割を使い、相手の好きな科目と曜日をよく聞き、その箇所を指さすなどするとよいでしょう。
- ★ジングルを繰り返し視聴し、練習することで26種のスポーツ名が言えるようになります。またアルファベットにたくさん触れることができるでしょう。

[絵本] "*Carrot Seed*" (Rise and Shine)
(Ruth Krauss著、HarperCollins、1989年)

〈概要〉男の子が庭に種をまきました。家族は「芽なんか出てこないよ。」というのですが、男の子は毎日雑草を抜き、水やりをして大切に育てます。とうとう葉っぱが出て大きなニンジンがとれました。植物を育てる大切な経験をシンプルな絵本で表しています。

- ★理科でいろいろな植物や野菜の成長について学ぶ機会があります。児童の経験を尋ねたり、植物や野菜の英語名を調べてみるのもよいでしょう。
- ★絵本は左側に本文、右側にイラストがあるので半分だけ見せ紙芝居のように読むことができます。
（音源：YouTube https://www.youtube.com/watch?v=5ngfYbMrYKY　他）

アクティビティ "Interview and Report"

【ルール１】インタビューをしよう！

T：Please ask your friends about subjects.

S1：Hello, Keiko. What subject do you like?

S2：I like music on Friday.

S1：I see. Thank you.

【ルール２】レポートをしよう！

S1：Hello. I'm Kota.

　　　I like science on Monday.

　　　Keiko likes music on Friday.

　　　Haruto likes P.E. on Wednesday.

【ワンポイント】

歌から学んだ基本文を用いて**I like ～**の文を使います。友達に尋ねてそれをクラスでレポートします。**He likes, She likes**を自然に使えるようにしたいものです。指導者が初めにしっかりデモをしてやり方を見せることと、インタビューに時間制限をつけることで短い時間でも活動できます。レポートは班ごとにさせてもよいでしょう。みんなが英語で話せる時間をつくりましょう。

〔ワークシートの例〕　CD

17　科目・時間割

What subject do you like?

例　　　　　　　　　　　　　　　　I like music.

	Name	subject	day
例	Keiko	music	Friday
例	Haruto	P.E.	Wed

Name	subject	day

Japanese　math　science　social studies　music　English

calligraphy　P.E.　arts and crafts　home economics　moral education

Class_____　No._____　Name_____

—118—

本時の展開例（10回目／全12回）

	○学習活動　・留意点	指示・声かけ
あいさつ	**【Greeting】**30秒 ○全体にあいさつする。	T：Let's start English Time! T：Good morning, class! S：Good morning, ◇◇sensei.
歌	**【歌B】**6分 ○Sport Jingleを行う。 ①言えるところを言う。 ②ジェスチャーをして何のスポーツかあてる。 ③もう一度ジングルを言う。	T：Say the jingle together. T：Everybody, what's this? 　（Teachers do the gestures.） S：Fencing! T：That's right! It's your turn. 　Who wants to try? S：Let me try.
	【歌A】3分 ○What do you have on Monday? 　曜日に合わせて科目を変えて歌う。 ・時間があるときに、時間割を見ながらいろいろな曜日のバージョンで歌ってみる。	T：What day is it today? S：Tuesday! T：Right! What do you have on Tuesday? S：English, Japanese, math, music, P.E. T：OK. Let's sing a song, Tuesday version!
あいさつ	**【Greeting】**30秒 ○Good-byeを歌う。 ○終わりのあいさつ。	T：Sing the song, "Good-bye." T：That's all for now. S：Thank you, ◇◇sensei. T：Good job!

単元の評価の観点・方法（例）

自分の好きな科目やその科目のある曜日を伝え合う。**（思・判・表）**
インタビュー、ワークシート

児童の振り返り（例）

自分の好きな科目と曜日が言える。
　◇まだむずかしい　　　　　　　○友だちといっしょなら言える
　◎時間割を見ながら言える　　　☆すらすら言える

教室より

インタビューをした後にクラスで人気の科目と曜日を集計（クラス全体・男女別）してとても盛り上がりました。子どもたちは好き嫌いがはっきりしています。そこを生かして積極的な発話へとつなげました。

（西川幸子）

18 わたしの持ち物

この単元では、学校でつかう文房具や持ちものの言い方に慣れ親しみ、基本的な表現を用いて自分の持ち物を紹介できるとよいでしょう。家の中にあるものや身のまわりの物についても伝え合ったり、発表し合ってもよいでしょう。

単元目標 ○文房具などの学校で使う物や持ち物を尋ねたり答えたりする表現に慣れ親しむ。

（知・技）

○文房具など学校で使う物や持ち物について、尋ねたり、答えたりして伝えあう。

（思・判・表）

○身のまわりの物の名前に興味をもって聴こうとしている。（学・人）

表現 This is (my pencil, ruler, eraser, pen, book, desk, notebook, chair, cap, picture, bike, school bag).

活動内容

教材名	活動内容 (例)
[歌A] This is My School Bag	①視聴し聞こえた表現を出し合う。 ②歌えるところを歌う。 ③2グループに分かれてかけ合いながら歌う。 ④リズムにのって自分の持ち物を紹介する。
[歌B] Everyday Things Jingle	①Ver.1かVer.2を視聴しながら、くりかえして発音する。 ②Ver.1かVer.2を視聴し、キーワードを発音する。 ③Ver.2を視聴し、言えるところを言う。 　(Apple, Apple / a / a / A) ④アルファベットの名前、音、キーワードのグループに分かれて言う。(A / a / a / apple) Version 2
[絵本] *In a People House*	①映像を見ながら家の中にあるものを視聴する。 ②どんな英語が出てきたか尋ね、言えるところを言う。 ③絵本を見ながら言えるところを言う。 ④リズムをつけて読めるところを読んでみる。 ⑤自分の持ち物を紹介する。（実物・絵・自作絵本） 　YouTubeから音声付き画像を視聴できる。 　例：https://www.youtube.com/watch?v＝Lvw8WNS7Q68

単元計画

回	1	2	3	4 (本時)	5	6	7	8	9	10	11	12
歌	A①	A②	A③	A③	A④	B①	B②	B②	B③	B③	B④	B④
絵　本		①	②	②		②	③		④	④	⑤	⑤
アクティビティ					☆						☆	☆
アルファベット	○	○				○	○	○		○		

—120—

教材

［歌A］ "This is My School Bag"

（音源：CD『歌っておぼえるらくらくイングリッシュ1』成美堂、2008年）

〈歌詞〉This is my pencil. This is my ruler. This is my eraser. This is my pen.

This is my book, desk, notebook, chair, cap, picture, bike, school bag.

〈概要〉手元にある物をさして「私の～です。」というときの言い方をたくさん聞いて、繰り返し練習する
ことができます。慣れたら言葉を入れかえて自分の身のまわりのものが言えたり、伝え合った
りすることができます。

ここで **ワン ポイント！**

★慣れてきたら友だちとペアになって（または小さいグループで）物を指さしながら、This is my ～ .という
表現を用いて自分の持ち物を紹介してみましょう。絵やカードを使うこともできます。（ワークシートで
絵カード作成）

T：Point to the things and say "This is my book." "This is my chair."

［歌B］ "Everyday Things Jingle" 身のまわり編ジングル

（音源：*Hi, friends! Plus*のDVD（文部科学省）*We Can! 1* Alphabet Jingle　p.76対応）

〈歌詞〉A says / a /, / a /, apple, b says / b /, / b /, bear, c says / c, / c /, cat, dog, elephant, ～ z
Cat, cat, / c /, / c /, C. Dog dog / d /, / d /, D ～ Z

〈概要〉Everyday Things Jingle には Version 1 と Version 2 があり、1では A says / a /, / a /,
apple や、A says / a /, / a /,…（キーワード抜き）のスピードを変えたり、カラオケにしたり
できます。絵が動かないので、しっかり覚えられていないときには集中して視聴できます。2で
は、Cat, cat, / c /, / c /, C.のようにキーワードが先に出てくるようになっています。Ver.1でしっ
かり覚えられたら、Ver.2ではグループやペアで繰り返し取り組めます。

ここで **ワン ポイント！**

★アルファベット一覧表の小文字を使用して文字を指さしながら言ったり、キーワードだけ言ってみたり
色々なバリエーションで言うことで物の名前、アルファベットの音や形に慣れ親しむことができます。

［絵本］ "*In a People House*"

（Dr. Seuss著、Bright & Early Books（R）、1972年）

〈概要〉ネズミが鳥に家の中にあるたくさんの物を紹介します。いす、階段、本、ローラースケートな
どたくさんの身のまわりの物の単語（64種）が出てきます。韻をふんでいるものが多くあるので
リズムにのって、またジェスチャーをつけながら読むと楽しいです。

お薦め絵本："*Froggy Gets Dressed*"（Jonathan London著、Puffin Books、1994年）

－121－

ここでワンポイント！

★物の名前が言えるようになったら、リズムをつけて読んでみましょう。
★教室にある物をさわりながらその英語を言ってみましょう。さあ、誰が列の先頭になりますか？
　先頭の人が言ったことばを繰り返しましょう。2語で交代！などルールを決めましょう。
　教室ツアーへGo！　S1：This is a red pen.　Everybody：This is a red pen.
★自分の家や、身のまわりにある物を絵に描いて紹介してみましょう。This is my 〜 .（これは私の〜です。）のフレーズや、絵本の中のThese are doughnuts.（複数あるものを示すときに使います。）Here's a door.（ここに〜があります。）のフレーズを使うこともできます。（A4用紙の自作絵本　アクティビティ参照）

アクティビティ　自作の絵本を作ろう。

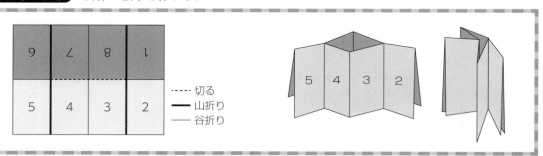

〔ワークシートの例〕

―122―

本時の展開例（4回目／全12回）

	○学習活動　・留意点	指示・声かけ
あいさつ	[Greeting] 30秒 ○全体にあいさつする。	T : Let's start English Time! T : Good morning, class! S : Good morning, ◇◇sensei.
歌	[Songs & Chants] 5分 ○This is My School Bagを歌う。 ・絵を指さしながら歌う。 ・クラスを2グループに分けて、かけ合い 　をしながら歌う。	T : Sing the song. T : Point to the pictures and sing. T : Let's get into two groups. 　　Group A sings first. 　　Group B sings second. T : Very good!
絵本	[Book] 4分 ○In a People House を聞く。 ①どんなものが出てきたかを尋ね、言える 　ところを言う。	T : It's Story Time! 　　Do you remember the title? S : In a People House. T : Good! What did you see in the house? Ss : Cup. Piano. Pencil… T : Great! Now, read the story together.
あいさつ	[Greeting] 30秒 ○Good-byeを歌う。 ○終わりのあいさつ。	T : Sing the song, "Good-bye." T : That's all for now. S : Thank you, ◇◇sensei. T : Good job!

単元の評価の観点・方法（例）　文房具など学校で使う物や持ち物について、尋ねたり、答えたりして伝えあう。**（思・判・表）**
発表観察、自作絵本

児童の振り返り（例）　文房具など学校で使う物や持ち物について紹介できる。
　　　　◇まだむずかしい　　　　　　○名前は言える
　　　　◎ヒントがあれば言える　　　☆表現を使ってすらすら言える

（西川幸子）

19 何になりたい?

この単元では、将来の職業を言ったり聞いたりする表現に慣れ親しみます。自分のなりたいものを言ったあとで、相手にも聞かせましょう。また絵本は主人公が何になったつもりかを想像しながら読み聞かせましょう。

単元目標　○職業を表す語彙とその職業になりたいという表現に慣れ親しむ。**(知・技)**
○自分のなりたい職業を言ったり、相手にも聞いたりする。**(思・判・表)**
○英語の歌や絵本に興味をもって聴こうとしている。**(学・人)**

表現　jobs (scientist, soccer player, astronaut, vet, singer, comedian, nurseなど)
I want to be a ~ . How about you?

活動内容

教材名	活動内容 (例)
【歌A】 I Want to be a Teacher	①視聴し、聞こえた表現を出し合う。 ②歌詞の後にリピートする時間があるので、聞いたあと、歌うようにする。 ③2つのグループに分かれて歌う。
【歌B】 Someday	①視聴し、聞こえた表現を出し合う。 ②職業名だけ歌うなど、歌える部分を歌うようにする。 ③I want to be ~のところを積極的に歌うように促す。
【絵本】 *Nobody Wanted to Play*	①絵本を視聴する。 ②聞こえたことばを発表する。 ③Wilfになったつもりで先生と一緒に読んでみる。
【アルファベット】 職業ジングル	①視聴し、聞こえた表現を出し合う。 ②歌えるところから歌う。 ③abcをさしながら歌う。 ④ペアで交代してキーワードを言う。

単元計画

回	1	2	3	4	5	6	7 (本時)	8	9	10	11	12
歌	A①	A②	A③	A③	A④	A④	B①	B②	B③	B③	B④	B④
絵　本			①	①		②	②		③	③		
アクティビティ						☆						☆
アルファベット	○	○			○			○			○	

—124—

教材

[歌A] "I Want to be a Teacher"

（音源：CD『歌っておぼえるらくらくイングリッシュ1』成美堂、2008年）

〈歌詞〉"I want to be a scientist. How about you, Mika?"

　　　［その他の語彙］soccer player, astronaut, vet, singer, comedian, judo athlete, teacher

〈概要〉まずは歌詞のあとに職業名だけ繰り返し慣れてから、表現を聞いて、歌えるところから歌うようにします。相手に尋ねる"How about you?"の部分では、動作をつけて歌ってみましょう。

〈参照〉*We Can! 2* Unit 8

- ★歌詞の後にリピートする際、CDプレーヤーを一時停止し、繰り返す時間を補うとよいでしょう。
- ★いくつかのグループに分かれて歌うこともできます。
- ★"How about you?"の部分では、動作をつけて歌うこともできます。
- ★順番に自分のなりたい職業を入れて歌ってもみましょう。（カラオケバージョンも使えます。）
  - （例）1番目の児童：I want to be a teacher. How about you, （友だちの名前）?
  - 　　　指名された児童：I want to be a vet. How about you, （友だちの名前）?
  - 〈参考〉"Are you a teacher"『らくらくイングリッシュ1』も使えます。

[歌B] "Someday"

（音源：CD『歌っておぼえるらくらくイングリッシュ1』成美堂、2008年）

〈歌詞〉Someday it's my dream. I want to be a florist. Many flowers in my town.

　　　［その他の語彙］doctor, singer, carpenter, teacherなど

〈概要〉DVDを見ながら同じように動作を真似て歌います。気持ちにあったジェスチャーをしながら身体を動かしていきましょう。

〈参考〉The Muffin Man『Superstar Songs 3』を使ってもよいでしょう。

　　　歌詞　Do you know the Muffin man who lives in Drury Lane

- ★1番だけ、2番だけというように、学級の実態に合わせて区切って歌ってもよいでしょう。
- ★歌詞カードやフラッシュカードを見ながら、イメージをつかめるようにするとよいでしょう。

[絵本] *"Nobody Wanted to Play"*

（Roderick Hunt 著・イラスト、Oxford Reading Tree、2011年）

〈概要〉Wilf was cross. Nobody wanted to play. He went to the park.

　　　怒って一人で公園へ出かけたWilf。そこで一人遊びからいろいろな職業を連想しながら遊びます。そして最後は…。

　　　Wilfがどんな職業を連想しているかを推測してみると面白いでしょう。

- ★表紙を見せながら、Wilfがどうして一人で遊んでいるのかを考えさせましょう。
- ★まず数ページ読んでから、左ページだけを示し、Wilfが誰を連想しているか当てさせましょう。

アクティビティA　"Memory Game"

【ルール】 6人グループを作り、一人の児童を選ぶ。残りの5人はなりたい職業を決め、"I want to be a teacher. How about you, Kenji?" と順番に聞いて答えていく。("I am a teacher. How about you, Kenji?" でもOK)。全員が言い終わったら、最初に選ばれた児童が、"Kenji is a teacher, Ryo is a doctor…" と、順番に言う。全部言えたら交代。

【これを言えれば！】
- Let's play "Memory Game."
- Make a group of six.
- Pick up one person.
- The five students say what you want to be.
- Say all of your friends' jobs.

アクティビティB　"伝言ゲーム"

【ルール】 職業のカードを黒板に貼る。列ごとにチームとなり、先頭の人がリーダーとなり、何になりたいかを次の人に伝えていく。"I want to be a florist. How about you, Mio?" 最後の人はリーダーとやりとりをして、リーダーが前に出て最後の人がなりたいと言った職業のカードを取る。一番早いチームが勝ち。

【これを言えれば！】
- Let's play *Dengon* Game."
- A student in the front row is a leader.
- Tell the next student what you want to be.
- The last student has to come back to the leader and talk to him／her.
- Finally, the leader has to come to the blackboard and get the card of the last student's job.

本時の展開例（7回目／全12回）

<table>
<tr><th></th><th>○学習活動</th><th>指示・声かけ</th></tr>
<tr>
<td>あいさつ</td>
<td>【Greeting】30秒
○全体にあいさつする。</td>
<td>T：Let's start English Time!

T：Good morning, class!

S：Good morning, ◇◇sensei.</td>
</tr>
<tr>
<td>歌</td>
<td>【Songs & Chants】4分
○Somedayを歌う。
①視聴し、聞こえた表現を出し合う。
②歌えるところを歌う。</td>
<td>T：Listen to the CD carefully.

T：What did you hear?

T：Sing the song.</td>
</tr>
<tr>
<td>絵本</td>
<td>【Book】5分
○Nobody Wanted to Playを聞く。
①絵本を視聴する。
②聞こえたことばを発表する。
③Wilfになったつもりで先生と一緒に読んでみる。</td>
<td>T：It's Story Time!
　　Listen carefully.
T：What did you hear?

T：Let's read Wilf's part together.</td>
</tr>
<tr>
<td>あいさつ</td>
<td>【Greeting】30秒
○終わりのあいさつ。</td>
<td>T：Sing the song, "Good-bye."
T：That's all for now.
S：Thank you, ◇◇sensei.
T：Good job!</td>
</tr>
</table>

単元の評価の観点・方法（例）　　将来なりたい職業を英語で伝え合う。（**思・判・表**）
インタビュー、ワークシート

児童の振り返り（例）　　自分のなりたい仕事を言ってお友達にも聞いたりしている。
◇まだむずかしい　　　○友達や先生の助けがあればできる
◎自分の事は言える
☆自分と相手のなりたい仕事についてやり取りできる

教室より

この単元で紹介したThe Muffin ManはDVDもあり、替え歌にしやすい歌なので、アニメのキャラクターなどを入れて口ずさんでいます。もちろんあやふやなところはありますが、そんなことは気にしていません。どんどん英語のリズムを身につけていきます。

（齊藤倫子）

20 どこにあるの?

この単元では、物の場所や位置を示す表現に慣れ親しませます。多様な活動を用いて、物の場所を表す表現を理解できるように進めます。教えるのではなく、児童が歌やお話を通して位置を示すことばへの理解を深める点に留意します。

単元目標 ○物の位置を示したり尋ねたりする表現に慣れ親しむ。（知・技）
○位置を示す表現を聞きその位置を示したり、自分で表現したりする。（思・判・表）
○物のある場所を尋ねたり、答えたりしようとする。（学・人）

表現 in, on, under, by, Where is ～ ? など

活動内容

教材名	活動内容（例）
【歌A】 On, In, Under, By	①視聴し、聞こえた表現を出し合う。もう一度聞いて確認する。 ②手を使って物の位置を示す英語表現を確認してから歌を歌う。 ③動作を取りながら声に出して歌う。
【歌B】 Where's the Dog?	①聞こえた表現を出し合う。もう一度聞いて確認する。 ②歌えるところは歌う。 　（位置を表す表現を意識して歌うように促す。） ③位置を表す表現をジェスチャーをしながら歌う。
【アクティビティ】 部屋カード	④部屋カードにある物の名前を子どもたちに尋ねる。 　指導者が "Where is a book?" と尋ね、子どもたちは "On the table" のように前置詞と物の名前で答える。慣れてきたら、ペアになってそれぞれの物がどこにあるかを尋ねあう。
【絵本A】 *My Cat Likes to Hide in Boxes*	①表紙の絵を見せながら "Where is the cat?" "In the box" などのやりとりを子どもたちと行いながら読み進める。 ②2回目以降は言えるところをジェスチャー付きで声に出す。
【絵本B】 *Rosie's Walk*	①表紙やページの絵を見せながら "What do you see?" "Where is the fox?" などのやり取りをしながら読み進める。 ②物や位置を示すときに使うさまざまな表現を、ジェスチャー付きで言えるところを一緒に声に出す。
【アルファベット】 Animalジングル	①ジングルを聞いて言う。 ②音源と一緒に声に出す。 ③ジングルのキーワードを言う。

単元計画

回	1	2	3	4	5	6	7	8	9	10	11 (本時)	12
歌	A①	A②	A②	A③	A③	B①	B②	B③	B③	B③	B④	B④
アクティビティ											☆	☆
絵 本 A			①	①	②	②						
絵 本 B							①	①	②	②		
アルファベット	①	②	③	①	②	③	①	②	③	①	②	③

教材

[歌A] "In, On, Under, By"

（音源：YouTube：https://www.youtube.com/watch?v=DHb4-CCif7U　など）

〈歌詞〉On, In, Under, By ／ On, In, Under, By ／ On, In, Under, By ／ Where is the spider?

- ★視聴することで、場所を表す表現を映像から理解することができます。
- ★繰り返しの歌なのですぐに歌えるようになるでしょう。
- ★歌えたら画像の中にある手を使った場所を表すジェスチャーを取り入れ、リズムに合わせて手を動かしながら歌うと意味理解につながります。

[歌B] "Where's the Dog?"

（音源：『歌っておぼえるらくらくイングリッシュ2』10、成美堂、2008年など）

〈歌詞〉Where's the egg? ／ It's in the glass. ／ Where's the cat? ／ It's on the box. ／ Where's the apple? ／ It's in the mug. ／ Where's the dog? ／ It's on the chair. ／ On the chair ／ Check it out!

- ★この歌は4番まであるので、1番ずつなど区切って歌い進めるとよいでしょう。
- ★歌に慣れるまで、"What did you hear?" で歌詞を確認する質問のやり取りをしながら繰り返し、歌を聞く機会をつくるとよいでしょう。
- ★位置を表す表現をジェスチャーにして歌うと意味理解につながり歌いやすくなります。
- ★部屋カードを使ってその物の場所の位置を尋ねる活動などで理解を深めます。

[絵本A] *"My Cat Likes to Hide in Boxes"*

（Eve Sutton 著、Lynley Dodd イラスト、Penguin Group、2010年）

〈概要〉世界中のさまざまなネコがお話に登場してさまざまなことをします。でも、自分のネコは「箱の中に隠れるのが好き」という表現が繰り返し出てくるので、子どもたちが英語の表現に慣れ親しみやすい絵本です。世界中のユニークなネコがたくさん出てくるので子どもたちの笑いを誘うでしょう。

- ★"in" のところではジェスチャーを付けながら英語を発話するとより理解しやすいです。
- ★前置詞を扱った表現は少ないですが、絵と表現が一致しているので子どもたちは理解しやすいでしょう。
- ★前のページの表現を繰り返して言いながら読み進めるお話なので、言えるところを声に出して一緒に読み進めるとよいでしょう。

[絵本B] "Rosie's Walk"
　　　（YouTube：https://www.youtube.com/watch? v＝aynZh1-fsBgなど）（Pat Hutchins著、Red Fox Picture Books、2009年など）
〈概要〉キツネがめんどりのRosieを狙って散歩のあとをずっと付け回していきます。どじなキツネは、くわの柄に頭をぶつけたり、池に落ちたり、散々な目に合いますが、めんどりは一向に気がつきません。憎めないキツネの楽しいお話です。

ここで　ワンポイント！

★楽しいお話なので、次に何が起こるか子どもたちに想像させながら読み進めるとよいでしょう。
★読み終えたら各頁を見せながら、Rosieやキツネがどこにいるか、"on, in, under, by" などを使って答えられるようなやり取りで楽しむとよいでしょう。
★手の動きを付けながら場所を答えさせるとより意味と英語が結びつきます。

アクティビティ　「友達のさがし物」（部屋カード）

【ルール】
①部屋の絵の中にある物を、"What do you see in the room?" で児童に尋ねる。子どもたちが英語で答えたら、再度繰り返させ、日本語であれば、英語での言い方を伝える。
②In, On, Under, Byの手での表し方を確認する。
③"Where is the pen?" "(It's) on the desk." といったやり取りを先生と子どもたちで繰り返す。全員で発話するように促す。
④③の活動に十分慣れたら、ペアで、尋ねあう。一人ではまだ難しそうであれば、ペアをつくり、二人ずつでQ&Aを順番に行うとよい。

〔部屋の絵カードの例〕

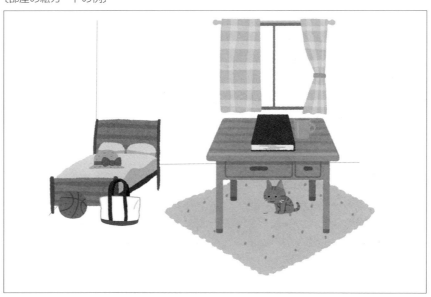

本時の展開例（11回目／全12回）

	○学習活動　・留意点	指示・声かけ
あいさつ	[Greeting] 30秒 ○全体にあいさつする。	T：Let's start English Time! T：Good morning, class! S：Good morning, ◇◇sensei.
歌	[Songs & Chants] 6分 ○Where's the Dog?を歌う。 ○部屋カードで物の名前や位置を言う。	T：Sing the song. T：Look at the card. What's this? Where is a ball?
フォニックス	[フォニックス] 3分 ○Animalジングルを言う。 ・音源と一緒に言う。	T：Point and say, "Animal jingle."
あいさつ	[Greeting] 30秒 ○Good-byeを歌う。 ○終わりのあいさつ。	T：Sing the song, "Good-bye." T：That's all for now. S：Thank you, ◇◇sensei. T：Good job!

単元の評価の観点・方法（例）　位置を示す表現を聞きその位置を示したり、自分で表現したりする。
　　　　　　　　　　　　　　　　　　　　　　　　　　　　　　　　　　　　　（思・判・表）
　　　　　　　　　　　行動観察、振り返りシート

児童の振り返り（例）　部屋カードを使って尋ね合う活動で、友だちと物のある場所を尋ねたり、答えたりできる。
　　◇まだむずかしい　　　　○友だちといっしょなら
　　◎ゆっくりならいえる　　☆すぐにいえる

どじなきつねのお話 "Rosie's Walk" が子どもたちは大好きです。次の展開を予想しながら、場所を表す英語を楽しそうに口に出して一緒に読み進めてくれました。

（松延亜紀）

短時間学習をリズミカルに
目と耳と口の連動、動作で表現　　変化のある繰り返しの効果

　私の学校では、歌やお話が収録されているDVD『DREAM』［大阪府作成DVD（大阪市全小学校に配付されたもの）］を中心とし、さらにさまざまな種類のアルファベットジングルや歌のDVD、絵本などを取り入れて、テンポよく進めるように取り組みました。ICTを活用し、アルファベットジングルやネイティブスピーカー（ALT）に発音してもらったチャンツ、毎朝のあいさつで使う表現のPPT等、独自で作成した教材をパソコンに取り込み、各教室で自由に使えるようにしました。

短時間学習で心がけたこと

　まずは、指導者も児童と一緒になって活動することを大切にしました。教えるというよりも、指導者自身も楽しみながら試行錯誤を繰り返すことで、いろいろなことに気づき、少しずつ慣れていくことができました。All Englishで進めるのは苦手ですが、Classroom Englishを使ってあいさつや指示をしたり、簡単な英語で児童とやり取りをしたり、いいところを見つけてできるだけほめるようにしました。そして、たくさんの英語の音声を絵や映像で補いながら聴かせ、声に出すことを無理強いせずに、児童一人ひとりのペースを見守りながら進めていきました。

　DVD収録のお話（以下、STORYという）や歌では、動作を使って意味を結びつける活動を取り入れたり、その中に出てくる英語表現を使って簡単なコミュニケーション活動を行ったりしました。絵本では、既習の単語や英語表現を確認したり、リズム読みをしたり、絵本の中の世界を児童と楽しんだりしました。文字と音の関係を意識させるために、歌の中に出てくる単語の頭文字を体で表現したり、フォニックス体操をしながらアルファベットの音の出し方を体で覚えたりしました。日常で使う表現や単語は、カードや英文にして教室に掲示して繰り返し活用するようにしました。また、毎朝のあいさつは、英語で行いました。日直が前に出て、朝の会の進行カードを見ながら指導者と一緒にみんなに質問したり、みんなからの質問に答えたりしました。

児童の様子

　はじめは、たくさんの英語の音に戸惑う様子も見られましたが、歌もSTORYも、絵が手がかりとなって意味が何となくわかり、少しずつ声に出すようになっていきました。

　STORYでは、声がなかなか出ない児童も、何度も繰り返すうちに動作はできるようになっていきました。毎回同じ繰り返しだと飽きてしまうので、少しずつ変化をつけるようにしました。なかでも、役割を決めて劇仕立てにすると楽しく取り組むことができました。

Column

　歌は、メロディーやリズムに合わせて何回も繰り返し歌うことで、無理なく単語や英語表現を覚えることができました。歌の中に出てくる"I like 〜 ."“How about you ？”の表現を使って、自分の好きな色、食べ物、動物を尋ね合う活動は、お互いのことを知り合うきっかけとなり、「またやりたい」という声が多く聞かれました。リズムに乗ってたくさんの単語が覚えられるので、ジングルが好きだという児童が多く、大きな声でジングルを言う姿や、休み時間に教室に掲示しているアルファベットポスターを見て、ABCソングのZ to Aを友だちと一緒に楽しそうに歌う児童の姿が見られました。

　子どもたちは、少し難しい課題に挑戦するのが楽しいようでした。さらに、フォニックス体操を続けることで、初頭音の発音がよくなっていきました。毎朝の英語でのあいさつは、“How are you?”から始めて、天気、曜日と学期ごとに一つずつ増やしていったので、ほとんどの児童が答えられるようになりました。

アンケートの結果　校内で3月に調査

「英語タイムを1年間やってきて、できるようになったことは？」（一部抜粋）

（低学年） 英語が好きになった、英語をたくさん覚えた、登場人物の話がわかるようになった、英語をしゃべることができるようになった、英語の歌が歌えるようになった、ABCが言えるようになった、発音が上手になった、ジングルが言えるようになった、等。

（中学年） ABCが言える・書けるようになった、たくさんの英語を知った、発音が上手になった、英語の歌が歌えるようになった、自分の名前が書けるようになった、自分の思っていることを英語で話すことができるようになった、等。

（高学年） 英語を聞き取れるようになった、英語を話せるようになった、発音が上手になった、新しい英語を知った、ABCが言える・書けるようになった、英語で会話ができるようになった、英語に興味をもつようになった、等。

　短時間学習に取り組み、児童はもちろん、指導者にも大きな成果が見られました。一番の成果は、変化のある繰り返しを通して「英語の音に慣れる」ことだと思います。教えるのではなく、指導者自身も楽しいと思うことを児童と一緒に挑戦しながらそれぞれに気づいていくことが大切だと感じました。焦らず自分に合ったやり方で、少しずつ続けていくことが大きな力となりました。

（廣瀬桂子）

第 5 部 高学年の活動例

21 アルファベットの名前と音を知ろう

この単元では、アルファベットには名前と音があることを知り、ジングルを使って慣れ親しみます。また、リズムにのって、楽しくジングルを言うようにします。低学年や中学年で既にジングルを学習している高学年では、さまざまな方法を使って、復習しながら音に気づくようにします。

単元目標　○大文字と小文字を書くことができる。**(知・技)**
○アルファベットの名前を聞きその音を認識する。**(思・判・表)**
○英語の文字の特徴や日本語との違いに気づいて、主体的にアルファベットの文字と結び付けることができる。**(学・人)**

表現　A ~ Z, a ~ z, apple, bear, cat, dog, elephant, fan, goat, hat, ink, jam, king, lion, milk, net, orange, pen, queen, racket, sun, ten, up, vest, watch, box, yo-yo, zebra

活動内容

教材名	活動内容 (例)
[フォニックス] アルファベットジングル	①視聴し、聞こえた英語を発表する。 ②もう一度視聴する。言えるところは言ってもよい。 ③視聴しながら、キーワードを言う。
[アクティビティ A] ポインティングゲーム	①指導者がアルファベットの名前を言い、児童は文字を指さす。 ②指導者がアルファベットの音を言い、児童が音を言いながら、絵を指さす。 ③指導者がアルファベットの名前を言い、児童は音とキーワードを言いながら、絵を指さす。
[アクティビティ B] 大文字を書いてみよう	①ジングルをいいながら大文字を空書きする。 ②音を言いながらワークシートの大文字をなぞり書きし、書く。
[アクティビティ C] 小文字を書いてみよう	③ジングルを言いながら小文字を空書きする。 ④音を言いながらワークシートの小文字をなぞり書きし、書く。 ⑤自分の名前を書く。

単元計画

回	1	2	3	4 (本時)	5	6	7	8	9	10	11	12
フォニックス	①②	①②	①②	②	②	②	②③	②③	②③	③	③	③
アクティビティA				①	①②	②				②	②③	③
アクティビティB		★		★	★							
アクティビティC							★		★		★	★

　　　　　　　　　　　　　　　　　　　　　　　　| フォニックス　ジングル |　🔍検索

−136−

教材

[フォニックス]アルファベットジングル

（音源：文部科学省デジタル教材 *Let's Try! 1・2*、*We Can! 1・2* Alphabet Jingleなど）

〈概要〉AからZまで、アルファベットの名前、音、キーワードの音声がイラストと共に流れます。

 ポイント！

- ★ゆっくりバージョン・ふつうバージョン、音声あり・音声なし、字幕あり・字幕なしを選択できます。児童の実態に合わせて、選択しましょう。
- ★ワークシートを用いて、指さししながら言うようにすると、児童一人ひとりが、文字を意識しながら言うことができます。

ポイント！

- ★高学年で復習として用いる場合は、ジングルを言う際に、手で文字を作りながら言うようにしてもよいでしょう。
- ★ジングルにはアルファベットジングルのほかに、動物ジングル、食べ物ジングル、国旗ジングルなどがあります。アルファベットジングルが自信を持って言えるようになったら、ほかのジングルにもぜひチャレンジしてください。

● 大文字・小文字について

　文字の形を認識するには時間がかかります。特に低学年・中学年では、いきなり書く活動に入るのではなく、本書 第3部『2．アルファベットで遊ぼう』を参照して、文字に慣れ親しむ活動をたくさん入れながら、書く活動に入りましょう。高学年も、小文字については、形の違いが認識できたうえで、それぞれの音を学ぶことが、その後の学びにつながります。ぜひ、アルファベットで楽しく遊んでください。

〔ワークシートの例〕

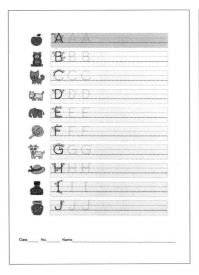

アクティビティ

●Pointing Game　ポインティングゲーム

・各自、1枚ずつアルファベットの一覧表を準備する。
　（文部科学省教材 *We Can! 1・2* Alphabet Jingle p.76参照）
・ジングルが自信を持って言えるようになれば、ペア活動にしてもよい。その際にも、音やキーワードがしっかりと言えるように声掛けをする。

●大文字／小文字を書こう

・各自、1枚ずつワークシートを準備する。
　（文部科学省デジタル教材 *Hi, friends! Plus*ワークシート②-1,2,3大文字 ⑤-1,2,3小文字 ⑧名前 参照）
・指導者と一緒にポスターを見ながら空書きする。
・ワークシートを使い、音を言いながら見本をなぞってから書く。書く数は児童の実態に合わせる。
・書き順については文部科学省デジタル教材 *Let's Try! 1・2*、*We Can! 1・2*の「教材どうぐばこ」のアルファベットの書き順を参照。

本時の展開例（4回目／全12回）

		○学習活動	指示・声かけ
あいさつ		【Greeting】30秒 ○全体にあいさつする。	T：Let's start English Time! T：Good morning, class! S：Good morning, ◇◇sensei.
フォニックス		【jingle】4分 ○アルファベットジングル	T：Watch the DVD. T：What did you hear? T：Watch the DVD one more time. 　　Listen and say.
アクティビティ		【Activity A】2分 ○Pointing Game	T：Let's play a game! Pointing Game. 　　I'll say a name, and you point to the letter and say the sound. 　　Are you ready?
		【Activity B】3分 ○大文字を書こう。 ①ジングルを言いながら大文字の空書きをする。 ②音を言いながら、ワークシートの大文字をなぞり書きし、書く。	T：Say the Alphabet Jingle and write the capital letters in the air. T：This time, please trace the letters and then write them down on the worksheet.
あいさつ		【Greeting】30秒 ○終わりのあいさつ。	T：That's all for now. S：Thank you, ◇◇sensei. T：Good job!

単元の評価の観点・方法（例）

大文字・小文字を書くことができる。（知・技）
行動観察、ワークシートの点検、振り返りシートなど

児童の振り返り（例）

●大文字・小文字を4線に書くことができる。
　　◇まだむずかしい　　　　　　　　　　　　○手本を見ながら書くことができる
　　◎ときどき手本を見ながら書くことができる　　☆手本を見なくても書くことができる
●アルファベットジングルの名前、音、キーワードを言うことができる。
　　◇まだむずかしい　　　　　　　　　　　　○友達と一緒なら言うことができる
　　◎絵があれば言うことができる　　　　　　☆順番でなくても、全部言うことができる

アルファベットジングルの音について

英語の音は日本語の音の出し方と違うものが多くあります。ジングルを言う時に、指導者が「口の形・唇の形」を見せて、児童が気づくように指導するために、指導者のヒントにしてください。児童はジングルをよく聞き、繰り返し言うようにしましょう。息だけの音は聞こえにくいので、指導者が無理に聞こえるように言う必要はありません。(【文部科学省公式動画】「発音トレーニング〜小学校外国語活動・外国語 研修ガイドブック」が参考になります)

名前	音	指導者が口の形を見せるヒント
A a	/a/ /a/	口を横にあけて、あごをさげながら出します。
B b	/b/ /b/	口をとじてから、一気に息を吐き出します。のどが震えます。
C c	/c/ /c/	口の奥から、息だけで出します。/k/、/q/と同じ音です。
D d	/d/ /d/	舌は上の歯茎にあてて、一気に息を出し、舌を離す感じです。/t/と同じ口の形です。のどが震えます。
E e	/e/ /e/	にっこりわらって、指がタテに2本入るくらいに口をあけて出します。
F f	/f/ /f/	上の歯が下くちびるに軽くあたるくらいで息だけで出します。
G g	/g/ /g/	口の奥から出します。/c/と同じ口の形です。のどが震えます。
H h	/h/ /h/	のどの奥から一気に息を出します。「あ」の音が入らないようにします。
I i	/i/ /i/	指1本が入るくらいで、口を横に開いて、ちょっとすましながら日本語の「い」より、奥の方から出す音です。
J j	/j/ /j/	/d/の舌の位置から、息をいっぱい出します。
K k	/k/ /k/	口の奥から、息だけで出します。/c/、/q/と同じ音です。
L l	/l/ /l/	舌先を上の歯茎につけたままで出します。「う」を付けないようにします。
M m	/m/ /m/	くちびる閉じて、鼻にぬくように出します。「む」にならないようにします。
N n	/n/ /n/	くちびるを閉じないで、舌先を上の歯のうらに付けて出します。/m/と同じで、鼻をつまむと出せない音です。
O o	/o/ /o/	指がタテに3本入るくらいに口をあけます。
P p	/p/ /p/	口を閉じてから、一気に息を吐き出します。/b/と同じ口の形ですがのどは震えません。
Q q	/q/ /q/	口の奥から、息だけで出します。/c/、/k/と同じ口の形です。
R r	/r/ /r/	くちびるをとがらせます。舌が口の中のどこにも触れない状態です。
S s	/s/ /s/	歯と歯をあわせて、歯と歯の間から息が通るだけの音です。/z/と同じ口の形ですが、のどは震えません。
T t	/t/ /t/	舌は上の歯茎にあてて、一気に息を出し、舌を離す感じです。/d/と同じ口の形ですが、のどが震えません。
U u	/u/ /u/	あごをあげて、びっくりしたときの声です。口に力を入れないようにします。
V v	/v/ /v/	上の歯が下くちびるに軽くあたるくらいで出します。/f/と同じ口の形です。のどが震えます。
W w	/w/ /w/	くちびるをとがらせて、胸にひびかせて出します。/r/と同じ口の形です。
X x	/x/ /x/	/k/と/s/の音をつなげて、笑うように息だけで出します。
Y y	/y/ /y/	舌の先で下の前歯を押しながら、力を入れて出します。
Z z	/z/ /z/	歯と歯をあわせて、歯と歯の間から息が通って出します。のどが震えます。/s/と同じ口の形です。

(//内は便宜上、音を表しています。)

(伊藤美幸　栗栖浩子)

| 文科省　発音トレーニング | 検索 |

22 単語の最初の音を聞き分けよう

この単元では、ジングルで学んだアルファベットの音を聞き分けます。最初に復習を兼ねて、ジングルをみんなで言いますが、音を言うグループとキーワードを言うグループに分けて言うようにします。それから文字を見ずに、3つの単語を聞いて、単語の初めが同じ音か違う音かに気付くように促します。

単元目標
○アルファベットの名前を聞き、音とキーワードを言うことができる。（知・技）
○文字を見ずに3つの単語を聞き、初めの音が同じ音かどうかを認識する。（思・判・表）
○pの音を意識して、日本語との違いに気付き、主体的に歌うことができる。（学・人）

表現 A～Z, a～z, ant, bear, cow, dog, elephant, fish, gorilla, horse, iguana, jaguar, koala, lion, monkey, newt, ox, pit, quail, rabbit, seal, tiger, duck, vulture, wolf, fox, yak, zebra, zoo, mat, map, net, pig, ten, pen, vet, bat, bag　など

活動内容

教材名	活動内容（例）
[フォニックス] 動物ジングル	①視聴しながら、繰り返し言う。 ②視聴しながら、音とキーワードのみを言う。 ③クラスを、音を言うグループとキーワードを言うグループに分け、視聴しながら言う。途中で役割を交代してもよい。 ④3つの単語を聞いて、初めの音が違うものに気づく。 　文字を見ずに、聞こえてくる単語の初めの音を集中して聞くよう促す。
[歌] Peter Piper	①CD/DVDを視聴する。 ②聞こえた表現を発表する。 ③最初の文字「p」とその音に気づく。 ④pの音を意識して、CDやDVDと一緒に言えるところを言う。

ポイント！

★pの音は、口を閉じてから、一気に息を吐き出す音です。のどは震えません。手のひらを口の前に持って、息を感じるか体験してみるとよいでしょう。

単元計画

回	1	2	3	4	5	6	7	8	9	10	11 (本時)	12
フォニックス	①	①	① ②	① ②	② ③	② ③	② ③	② ③	② ④	B③	③ ④	③ ④
歌		★		★		★		★		★	★	★

[フォニックス]

● 動物ジングル

(音源：文部科学省デジタル教材 *Let's Try! 1・2*、*We Can! 1・2 Animal Jingle* など)

〈概要〉AからZまで、アルファベットの名前、音、キーワードの音声がイラストと共に流れます。

● 始まりの音がちがうのはどれでしょう

(音源：文部科学省デジタル教材 *Let's Try! 1・2*、*We Can! 1・2*「教材どうぐばこ」⇒*Hi, friends! Plus* クイズ7)

出題されている単語
Q1　mat, map, net,
Q2　pig, ten, pen,
Q2　vet, bat, bag

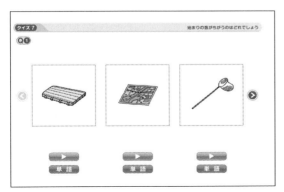

『教材どうぐばこ』を利用しよう！
1)「ツール」の絵辞書で絵カードを選び、保存します。
　Word List アルファベットのタブを利用すると便利です。
2) 再生の時に「英語OFF」にします。
3) 3つの単語を1グループにして、再生します。
4) 再度音声を聞く時に「英語ON」にしてもいいです。

単語グループ例

red, bed, run	leg, red, lemon
cat, hat, cap	fun, fish, hat
fish, dish, desk	desk, game, goat
leg, bus, lunch	king, pig, kiwi fruit
jam, jump, gym	sun, soccer, pen
dog, top, dot	up, watch, window
nine, mine, nice	yo-yo, yak, watch

Peter Piper マザーグース　検索

［歌］ "Peter Piper"

●Peter Piper

『Peter Piper ピーター・パイパー』（笛吹きピーター）は、早口ことばとして知られる有名なマザーグースの歌です。歌詞の内容は、「笛吹ピーターがピクルスをつまんだ。そのピクルスはどこいった？」というナンセンスなものです。

（音源：DVD『I like coffee, I like tea』mpi、2002年など）

本時の展開例（11回目／全12回）

	○学習活動	指示・声かけ
あいさつ	【Greeting】30秒 ○全体にあいさつする。	T：Let's start English Time! T：Good morning, class! S：Good morning, ◇◇sensei.
フォニックス	【Phonics】5分 ○動物ジングルを視聴する。 ○単語を聞いて、初めの音が違うものに気付く。	T：Watch the DVD. Say the sounds and keywords. 　　You are in Group A. 　　You are in Group B. 　　Group A, you say the sounds. 　　Group B, you say the keywords. 　　Are you ready? Let's start! 　　Switch the parts. T：Listen to three words carefully. 　　Question. 　　　No.1：mat 　　　No.2：map 　　　No.3：net 　　What's the first sound? 　　（No.1&2/m/, No.3/n/） 　　Which one is different?（No.3）
歌	【Song】2分 Peter Piperを歌う。	T：Watch the DVD. T：What did you hear? T：What's this letter? 　　What's the sound? 　　Can you say / p // p /? Good! 　　Let's sing together.
あいさつ	【Greeting】30秒 ○終わりのあいさつ。	T：That's all for now. S：Thank you, ◇◇sensei. T：Good job!

- ★ フラッシュカードを用いて、いろいろなパターンでジングルに親しむことができます。
- 例）・ゆっくりカードをめくることで、文字に注目できます。
  - ・カードの順番を変えて、音を考え言うようにできます。
  - ・指導者が「名前」、児童が「音」「キーワード」を言うようにします。
  - ・指導者が「キーワード」、児童が「音」「名前」を言うようにします。
  - ・「名前」「音」「キーワード」の3つのグループに分けて、それぞれの担当を決めて言うようにします。順番を変えてもよいです。
  - ・グループにフラッシュカードを渡し、自分が持っているジングルのときに、立つようにする活動ができます。
  - ・自信を持って言えるようになってきたら、一人ひとりにフラッシュカードを見せて「名前」「音」「キーワード」を言うようにしてもよいです。

単元の評価の観点・方法（例） 　単語の初めの音が同じか、違うかを認識する。（思・判・表）
　　　　　　　　　　　　　　　　行動観察、振り返りシートなど

児童の振り返り（例）
- ●単語の初めの音が同じ音か、ちがう音かがわかる。
  - ◇まだむずかしい　　　　　　　○友達と一緒ならわかる
  - ◎だいたいわかる　　　　　　　☆全部わかる
- ●動物ジングルの名前、音、キーワードを言うことができる。
  - ◇まだむずかしい　　　　　　　○友達と一緒なら言うことができる
  - ◎絵があれば言うことができる　☆順番でなくても、全部言うことができる

初めて聞いたときは、早すぎて全く言えなかった子どもたちも、何回も聞いて、一緒に言っているうちに、だんだん言えるようになってきます。その時の得意気にしている子どもたちの顔がとてもステキです。

（栗栖浩子）

23 音と文字をつなげよう

この単元では、単語の最初の音や文字に気付き、その文字の形をみんなで確認できるように促します。
アルファベットジングルに十分慣れ親しんだ段階で取り組みます。

単元目標 ○アルファベットの文字を見て、名前、音、キーワードを言うことができる。**（知・技）**
○ジングルを聞きながらアルファベットの小文字を空書きできる。**（思・判・表）**
○英語の文字の特徴や日本語との違いに気付いて、主体的に単語の初めの音と文字を結び
つけることができる。**（学・人）**

表現 A ~ Z, a ~ z, apple, banana, corn, donut, egg, fish, gum, hot dog, It's nice! jam, kiwi
fruit, lemon, melon, namul, omelet, pizza, queen's lunch, rice, salad, tea, cupcake,
Very good! watermelon, lunch box, yummy, zucchini

活動内容

教材名	活動内容（例）
[フォニックス] 食べ物ジングル	①視聴しながら、繰り返し言う。 ②視聴しながら、音とキーワードのみを言う。 ③クラスを3つのグループ（A・B・C）に分ける。視聴しながら、 　Aは名前を言う、Bは音を言う、Cはキーワードを言う。途中 　で役割を交代する。
[ワークシート] 動物ジングル	①CD/DVDを視聴しながら、小文字を空書きする。 ②ワークシートを使い、単語を聞いて、初めの音と文字を結び 　つける。

教材

[フォニックス]　食べ物ジングル

（音源：文部科学省デジタル教材 *Let's Try! 1・2*、*We Can! 1・2* Foods Jingleなど）

〈概要〉AからZまで、アルファベットの名前、音、キーワードの音声がイラストと共に流れます。

> フォニックス　ジングル　　**検索**

－144－

- ★初めてのジングルでも、過去にしたものと内容が重なっているので、復習として取り上げることで、今までの学習を通して身についたことが実感でき、英語に対する自信も高められます。
- ★空書きするときに、黒板に拡大表が貼ってあると、自信のない児童の助けになります。
  児童が見える場所で指導者も空書きを一緒に行いましょう。
- ★空書きが難しい児童がいる場合は、アルファベット一覧表を使って指さしさせるなどして、初めの音と文字が一致できるようにします。
- ★できる児童には少し難しくするために「目をつぶって書いてごらん」と課題を与えてもよいでしょう。
  "If you can, close your eyes and write the first letter in the air."
- ★時間が余った場合は、児童の苦手な文字を全員で空書きしたり、ペアでクイズを出し合ったり、発展的な活動を取り入れてもよいでしょう。

単元計画

回	1	2	3	4	5	6	7	8	9	10 (本時)	11	12
フォニックス	①	①	①	①	①②	①②	①②	①②	②③	②③	②③	②③
ワークシート					①		①		①②	①②		①②

本時の展開例（10回目／全12回）

	○学習活動	指示・声かけ
あいさつ	【Greeting】30秒 ○全体にあいさつする。	T：Let's start English Time! T：Good morning, class! S：Good morning, ◇◇sensei.
フォニックス	【Phonics】4分 ○食べ物ジングルを視聴する。 ○3つのグループに分かれ、名前、音、キーワードを言う。	T：Watch the DVD. Listen and say the sounds and the keywords. T：You are in Group A. 　You are in Group B. 　You are in Group C. 　Group A, say the names. 　Group B, say the sounds. 　Group C, say the keywords. 　Are you ready? 　Let's start! 　Switch the parts. 　Try again.
ワークシート	【Worksheet】5分 ○動物ジングルを視聴しながら、小文字を空書きする。 ○ワークシート（2） 　単語を聞いて、初めの音と文字を結びつける。	T：Watch the DVD and write the first small letters in the air. T：Listen and draw a line to the correct letters. 　What's this? 　That's right. 　What's next?
あいさつ	【Greeting】30秒 ○終わりのあいさつ。	T：That's all for now. S：Thank you, ◇◇sensei. T：Good job!

〔ワークシートの例〕

- ◆児童が正しく指さしができているかどうか、机間指導をして観察しましょう。間違ったところを指さしていても指摘する必要はありません。間違いやすいところは、全体で復習する際に言いましょう。ペアでお互い確認しあうようにしてもよいでしょう。
- ◆DVD、PPT、またはフラッシュカードなど、視覚教材をいろいろ使って工夫するとよいでしょう。
- ◆いろいろなジングルを唱えると混同することがあります。他のジングルで覚えた単語が思わず出ることもありますが、それを「今まで習ったことをしっかり覚えている」と前向きに評価するようにしましょう。Apple's /a/ is the same sound as album.「同じ音だね」など、児童が混同しても決して間違いとせず、常に自己肯定感を意識させるような声掛けをしましょう。

単元の評価の観点・方法（例）　単語の初めの音と文字を結び付けることができる。**（知・技）**
行動観察、ワークシート、振り返りシートなど

児童の振り返り（例）
- ●単語の初めの音を聞いて、文字と結びつけることができる。
  - ◇まだむずかしい　　○友達と一緒ならできる
  - ◎だいたいできる　　☆全部できる
- ●食べ物ジングルの名前、音、キーワードを言うことができる。
  - ◇まだむずかしい　　○友達と一緒なら言うことができる
  - ◎絵があれば言うことができる
  - ☆順番でなくても、全部言うことができる

こんな音もあります

◆Soft c　/s/の音（cの後の文字がe, iの時）
　circle　city　center
※cの後ろの文字がa, o, uの時は/k/
　cat　coffee　cup

◆Soft g　/j/の音（gの後ろの文字がe, iの時）
　gentle　giant
※gの後ろがa, o, uの時は/g/
　gas　gorilla　gum

（栗栖浩子）

「気づき」から「学び」へ

"Let's start English time!" "Hello, everyone." "Hello, Ueda sensei." "How are you?"

　毎回、このあいさつから短時間学習がスタートします。3年生の9月から半年間、短時間学習を積み重ねてきた4年生を担任しました。英語の学習が始まったばかりで、たくさんの語彙を知っているわけではないけれど、リズムに乗って身体を動かしながら、とても楽しく取り組む子どもたちでした。

　The Weather Songで天気を学習した時には、みんなでジェスチャーを考え、楽しく歌うことができました。短時間学習が終わった後には、歌を口ずさんだり、ふとしたときに「今日は、Sunnyや！」と友だち同士で話したりしている姿が見られました。何度か歌を歌い、天気の語彙がある程度定着できた頃、いつものあいさつに "How's the weather today?" を加えることにしました。尋ねた後には、外に目線を送り、天気について尋ねられていることに気づかせ、"It's sunny." や "It's rainy." という表現を言えるようにしました。

　ある冬の日、朝からとても寒く、ほんの少し雪がちらついていました。短時間学習のときには雪も止み、空は薄暗く、曇り空でした。天気を尋ねると、子どもたちは、"It's cloudy." と答えたのですが、ふとある子が、"Morning, snowy" と言いました。「あっ、ほんまや。」「雪降ってたな。」と聞こえ、「初めて出てきたやん！」と子どもたちは、うれしそうに言いました。歌で使ったことしかなかったsnowyということばを実際に言うことができて、無邪気に笑う姿を今でも思い出します。

　クラス替えはあったものの、子どもたちを5年生でも担任することになりました。たくさんの語彙が定着し、いろいろなやり取りができるようになりました。私も英語の時間がますます楽しくなりました。発問に対して、知っている英語を使ってなんとか答えようとしたり新しい歌が歌いたいとリクエストしてくれたりしました。

　ある日、Sunday, Monday, Tuesdayの歌を一緒に歌いました。頭文字のアルファベットの形を身体で表しながら、リズムに合わせて、楽しく歌いました。だいたい語彙が定着できたなと思い、あいさつに "What day is it today?" を加えることにしました。初めは、「えーっと、Tuesday!」「違うで！ Thursday!（正しく発音できていません。）」などという会話が繰り広げられていたものの、回を重ねるごとに、スムーズに返答できるようになりました。積み重ねることは、すごく大切なのだと実感できました。当時、短時間学習は、火・水・木の週3回で、外国語活動の時間は月曜日だったため、金曜日を表す語だけ、発音する機会がありませんでした。そこで、意識して、金曜日のふとしたときに "What day is it today?" と尋ねるようにしていました。

　ある土曜授業の日。朝の会をしていたときに、児童が「今日はSaturday」と言いました。またしても、「あっ、ほんまや」と気づいた子どもたち。英語について、何ひとつ考えてなかった私もはっと気づき、同じように「ほんまや！」と言いました。そこで、"What day is it today?" と尋ねる

Column

と、子どもたちは大きな声でそろえて "It's Saturday!" と答えました。黒板に書かれた「土曜日」という文字を見て発言したそうですが、子どもってすごいなと感じた瞬間でした。「英語の時間」「日本語の時間」という区切りがあまりないのかもしれません。このように、英語学習を行っていて、子どもたちから気づかされることが多々ありました。

　短時間学習の中で、「もしもしかめよ」のリズムに合わせて歌い、月名の学習をしました。その後、"What's the date today?" をあいさつの時間に新たな質問事項として加えました。月の言い方は、慣れ親しんできたものの、序数の数え方が難しく、定着するのにとても時間がかかりました。特に21や31は、誤って "twenty one" や "thirty one" と答えることが多かったです。

　子どもたちが理解できるように、あいさつのときには、曜日・日付・天気の順で尋ねるようにしていました。少し間違うことはあるものの、私がオーバーに顔をしかめながら、もう一度発問すると、子どもたちは訂正することができ、だいぶ定着してきたと感じたある日、子どもたちはdayとdateの違いがわかっているのだろうかとふと疑問に思いました。というのも、私が "What day is it today?" と "What's the date today?" をなかなか覚えることができず、苦労したからです。最初は、指導案に書き込んで、ちらちら見て発問をしていました。

　私がすらすらと発問できるようになった、ある水曜日の5時間目終わりの短時間学習のとき、発問の順番を変えてみようと思い、最初に "What's the date today?" と尋ねると、児童は何のためらいもなく、"It's Wednesday." と答えました。「あちゃー、やっぱり！」と思いました。毎回同じパターンなので、子どもたちは、この質問だなとなんとなく聴いていただけだったのです。この日を境に、まず、曜日・日付・天気の発問の順を変え、ランダムに発問するようにしました。そして、発問の前には、耳に手を当て、"Listen carefully!" の合図をしてから、dayとdateを少し強調して発問するようにしました。文字にも触れたほうがよいと思い、曜日と月の言い方の文字を掲示することにしました。週に1度の外国語活動では、C-NET（大阪市の外国人指導助手）と週替わりで曜日等を発問していましたが、これもランダムに発問するようにし、しっかり聞くということを習慣づけられるようにしました。積み重ねた結果、児童は3つのどの発問にもほぼ間違えることなく答えられるようになりました。最終的には、児童が発問もできるようにし、児童全体から指導者、代表児童から児童全体など、バリエーションを変えながら、たくさんの発問・返答を繰り返し、定着をはかりました。

　何度も語彙に触れ、積み重ねることが大切だということ、パターンプラクティスはよい反面、課題もあることなど、英語学習の経験を通して、たくさんのことを学ぶことができました。子どもたちは、たくさんのことを吸収し、たくさんのことに気づきながら日々成長しているのだと思います。児童の気づきやふとした発見を大切にし、それを認め、賞賛しながら、今後も英語活動に取り組んでいきたいと思います。

（上田弘美）

24 ライムを楽しもう

この単元では、ジングルで慣れ親しんだアルファベット文字の音を足して後ろの2文字（ライム）が同じ綴りで同じ音の3文字単語をリズムよく言うようにします。単語の中の同じ音、違う音に気づき単語の読みにつながるようにします。

単元目標　○ジングルで慣れ親しんだアルファベットの音を足して、3文字の単語を読むことができる。（知・技）
○ライミング語を聞きとり、同じ音を認識して言える。（思・判・表）
○英語の音の特徴に気づいて、主体的にワークシートのライミング語をリズムよく言おうとする。（学・人）

表現　bat, cat, hat, jet, net, vet, big, pig, wig, hot, pot, not, fun, run, sun, など

活動内容

教材名	活動内容 (例)
[歌A] Peas Porridge Hot	①視聴し、聞こえた英語を発表する。 ②もう一度視聴し、ライムに気づきながら言えるところから言う。 ③手遊びをしながら歌う。
[歌B] A Hunting We Will Go	①視聴し、聞こえた英語を発表する。 ②もう一度視聴し、ライムに気づきながら言えるところから言う。 ③動作をつけながら歌う。
[アクティビティ] 1) -at,　2) -et,　3) -ig　4) -ot, 5) -un,　6) 1〜5	①一文字ずつ音を確認する。 ②文字の音を足して3文字単語を読む。 ③同じライムの単語をリズムよく言う。

単元計画

回	1 (本時)	2	3	4	5	6	7	8	9	10	11	12
歌	A①②	A②	A②③	A②③	A②③	A②③	B①②	B②	B②③	B②③	B②③	B②③
アクティビティ	1)	1)	2)	2)	3)	3)	4)	4)	5)	5)	6)	6)

−150−

教材

[歌A] "Peas Porridge Hot"

（音源：CD/DVD『Superstar Songs 2』mpi、2011年など）

〈歌詞〉Peas porridge hot ／ Peas porridge cold ／ Peas porridge in the pot nine days old ／ Some like it hot ／ Some like it cold ／ Some like it in the pot nine days old

〈概要〉熱い豆のおかゆ、冷たい豆のおかゆ、9日目の豆のおかゆ、熱いのが好きな人、冷たいのが好きな人、9日目が好きな人もいる、hot-pot, cold-oldのライミングを楽しむ歌です。

★慣れてきたら手遊びをしながら歌いましょう。ペアで向き合って　1）膝を叩く、2）手を叩く、3）相手と両手を合わせるの3拍子で2回、3回目は手を交互に合わせて、4回目は最初と同じ。

★hot-potとcold-oldのライミングの母音の音の違いに気をつけて歌います。

[歌B] "A Hunting We Will Go"

（音源：CD/DVD『Superstar Songs 2』mpi、2011年など）

〈歌詞〉Oh, a hunting we will go ／ A hunting we will go ／ We'll catch a little fox ／ And put him in a box ／ And then we'll let him go

〈概要〉1番は狩りに行こう、きつねを捕まえて、箱に入れて、それから逃がしてあげよう。2番はスカンクをトランクに入れます。

★慣れてきたら動作（ライフルを打つ、きつねの真似、箱に入れる動作、逃す動作など）をしながら歌いましょう。

★foxとbox（2番はskunkとtrunk）のライミングを楽しみながら歌いましょう。

アクティビティ ワークシートの3文字のライミング語を読む。

〈概要〉後ろの2文字が同じ音と文字の組み合わせの3文字単語をリズムよく続けて読んでいきます。

ここでワンポイント！

★初めにカードなどを使って、まず一文字ずつ音の確認をします。

★次に、後ろの2文字の音を足して読みます。

★最後に最初の音を足して3文字単語を読みましょう。1つ読めたらあとは最初の音を変えて読んでいきます。慣れてきたらリズムボックスなどを使ってリズムよく読みます。

★指導者が先に読んでしまわずに児童が自分の力で音を言って読むようにしましょう。

★わからない子がいたら先に進まず、学級の実態に応じて丁寧に進めましょう。

★読めるようになってきたらペアで交互に読んだり、グループで順に読んだりしましょう。その際に覚えてしまって言うのではなく、単語の順番を代えたりしてしっかり読ませるようにします。

★音源を使って学習する場合は下記の教材を参照ください。

（『WE CAN! Phonics Workbook 1 フォニックス練習帳』pp.34～36 mpi, McGraw-Hill 2009年、『Enjoy! Phonics 2』pp.18～19受験研究社、2016年、『This is Phonics 1』p.26 mpi、など）

本時の展開例（1回目／全12回）

	○学習活動　・留意点	指示・声かけ
あいさつ	**【Greeting】**30秒 ○全体にあいさつする。	T：Let's start English Time! T：Good morning, class! S：Good morning, ◇◇sensei.
歌	**【Songs and chants】**3分 ○Peas Porridge Hotを歌う。 ・DVDを視聴する。 ・聞こえた言葉を出し合う。 ・もう一度DVDを見ながら言える所を歌う。	T：Watch the DVD. T：What words did you hear? T：Watch the DVD one more time. 　This time listen and say as much as you can.
アクティビティ	**【ワークシート】**6分 ○ワークシート1（-at）を読む。 ・後ろの2文字の音を確認する。 ・後ろの2文字の音を足す。 ・初めの音を確認してから後ろの2文字に足して単語を読む ・残りの単語も同様に読む。 ・続けてリズムよく読む。	T：Say the sound.（後ろの2文字を順に指す） T：Say these sounds.（後ろの2文字を指しながら） T：Say the sound.（初めの文字を指す） T：Say the word. T：Say the words in good rhythm.
あいさつ	**【Greeting】**30秒 ○終わりのあいさつ。	T：That's all for now. S：Thank you, ◇◇sensei. T：Good job!

| 単元の評価の観点・方法（例） | ライミング語を聞きとり、同じ音を認識して言える。（思・判・表）
行動観察、ワークシート、振り返りシート |

| 児童の振り返り（例） | 3文字単語のライミングワードをリズムよく言える。
◇まだむずかしい　　○先生や友だちの助けがあればできる
◎だいたいできる　　☆かんぺき！ |

教室より

リズムよく読めると、すっかりなんでも読める気になります。英語が読めるようになった！という喜びを感じる瞬間です。

（伊藤美幸）

〔ワークシートの例〕

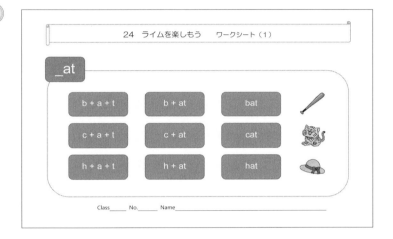

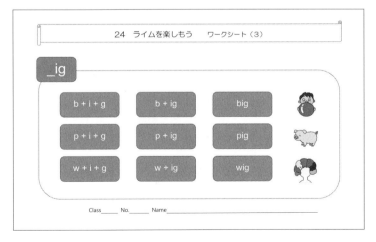

25 3文字単語を読もう・書こう

この単元では、アルファベットの26の音に十分親しんだことを前提に、3文字の音をつなげて単語を読む活動を行います。3文字の音の後ろの2文字の音を足し、次に最初の音を足す方法で読み進めます。児童の実態に応じ、読みへの関心を高めます。

単元目標　○ワークシートの3文字単語を読んで絵とつなぐことができる。（知・技）
○アルファベットの音がわかり、音をつなげて単語を読んだり、書いたりする。

（思・判・表）

○本読みで、簡単な表現の単語の音をつなげて読もうとする（学・人）

表現　pig, jam, dog, box, net, hat, cat, pen, gum, sun, fox, ten など（*We Can!*「教材どうぐばこ」参照）

活動内容・留意点

教材名	活動内容（例）
[歌A] Who Took the Cookies from the Cookie jar?	①DVDを視聴して、聞こえたことばを出し合う。もう一度聞いて確認。 ②手拍子やジェスチャーをつけて歌う。 ③クラスの児童の名前に置き換えて歌う。グループまたはクラス全体で行う。
[歌B] Out Goes the Rat	①DVDを視聴して、聞こえたことばを出し合う。もう一度聞いて確認。 ②歌えるところを声に出す。 ③この歌で似た音のことばは何か友達と考える。一緒に歌う。
[絵本] *Oxford Reading Tree*	①Big bookで読み聞かせを行う。声に出して一緒に読む。 ②クラスを2つに分けて1ページずつ読む。 ③ペアになって協力して読み進める。
[フォニックス] Alphabet/Animals/Foods/Countriesジングル	①ジングルを聞いて、繰り返す。 ②指さししながら一緒に言う。 ③キーワードだけを言う。 ④ジングルが言えたら、パートを分けてジングルを言う。
[アクティビティ]	①3文字単語を読む。絵と文字をつなぐ。 ②3文字単語をビンゴシート（3×3）に入れて、ビンゴをする。

単元計画

回	1	2	3	4	5	6	7	8	9	10	11 (本時)	12
歌	A①	A②	A②	A③	A③	A③	B①	B②	B②	B②	B②	B③
絵本		①	①		②	②		③	③			
フォニックス	①	②	③	④	①	②	③	④	①	②	③	④
アクティビティ										①	②	②

−154−

教材

［歌A］"Who Took the Cookies from the Cookie Jar?"

（音源：DVD『Superstar Songs 2 DVD 目と耳で歌って覚える英語シリーズ』mpi、2011年など

〈歌詞〉Who took the cookies from the cookie jar?／ ○○ took the cookies from the cookie jar.
／ Who? ／ Me? ／ Yes! ／ You! ／ Not me. ／ Then, who? ／ It's me!

ここで ワン ポイント！

★繰り返しの歌詞なので、歌いやすいです。

★実際の名前で歌うと歌詞がより身近になります。アルファベットカードや番号のカードを利用して、ク
ラスの人数分配ります。先生はそのうちの1つ～3つ選び、そのカードが当たった児童がクッキーを盗
んだとして、クラス全体で歌を歌いながら、探します。歌い出しは担任から、"○○ took the cookies from
the cookie jar." と言います。名前を言われた児童は、持っていなければ "Not, me." で次に持っていそうな
人を選びます。持っていれば "It's me." で終わります。最初からクラスでやると選ぶのに時間がかかるの
で、最初は5、6人のグループで始めるとよいでしょう。

［歌B］"Out Goes the Rat"

（音源：DVD『Superstar Songs 3 DVD　目と耳で歌って覚える英語シリーズ』mpi、2011年など）

〈歌詞〉My mother told me the best one ／ And you are not it! ／ Out goes the rat! ／ Out goes
the cat! ／ Out goes the lady ／ With the big green hat! ／ Red, white, blue. etc.

ここで ワン ポイント！

★鬼を決めるときの歌です。韻を踏んでいるのでとても歌いやすいです。

★ふだんの活動の中でも使っていくと子どもたちは自然に覚えて使うようになります。

★先生が "/at/ /at/rat、/at/ /at/cat" の次に "/at/ /at/what?" と尋ね、新たな語彙を子どもたちから引き出す
とよいでしょう。mat, batに気づくとよいでしょう。

［絵本］（例）"Reds and Blues"（Oxford Reading Tree）など

（Stage 1. First sentences、Roderick Hunt & Alex Brychta 著、2003年）

〈概要〉　Reds チームとBluesチームがサッカーの試合をしましたが、グランドのコンディションが悪
く、両チームともドロドロになってしまいます。最後はだれがどちらのチームかわからない
ほどユニフォームが汚れてしまいます。繰り返しが多いので読みやすく、歌に出てきたredと
blueが文章に何度も出てきます。

ここで ワン ポイント！

★Oxford Reading Treeのミニブックをペアで使います。
　レベル別になっていて、だんだん難しくなるので、Stage1を繰り返し扱うとよいでしょう。この本が使
えない場合は、定番の読みやすい絵本のBig bookを利用して、クラス全体→大きなグループ→小グルー
プ→ペアといったように徐々に小さな塊にして読み進めます。

★表紙やお話の中の絵を使って子どもたちとやり取りしながら進めると、絵本への興味も深まるでしょう。
　T：What do you see? Who is he/she? What's this? What's he/she doing?

★読み聞かせるときは必ず文字を指さしながら進めます。2回目以降の読みの場合、3文字単語が出てきた
ら、子どもたちに読ませてみてもよいでしょう。

—155—

アクティビティA　絵と単語をつなごう（「３文字単語を読もう（1）（2）」※ワークシート有）

①ワークシートの絵を見て子どもたちに単語を言わせます。T：What's this? SS：bat!

②例の単語を読ませます。SS：box!　要領がわかればそれ以降の絵と単語を線で結ばせます。一人では難しいようであれば、ペアまたはグループ活動にします。

③まだ音がつながらないようであれば、１つずつ音を確認し、うしろの二文字を足してから最初の音を加えます。焦らずゆっくり進め、できたらたくさんほめましょう。その場合We Can!の教材どうぐばこ、「アルファベットの名前・音」のICT教材を利用するとよいでしょう。

語彙例　pig, jam, dog, box, net, hat, cat, pen, gum, sun, fox, ten（We Can! 「教材どうぐばこ」参照）

アクティビティB　３文字単語でBingoをしよう！（「３文字単語を書こう（3）」※ワークシート有）

①アクティビティ Aで扱った語彙をそのままビンゴの表に書き写します。

　T：Please choose 9 words and write them on the Bingo sheet. ビンゴシートに書き写すのには個人差があるので、活動は２回に分けます。ビンゴは次回行います。

②Bingoは先生がランダムに黒板に書いて子どもたちに読ませながら進めたり、児童を指名して好きな単語を言わせてもよいです。必ず黒板に書いて全員に読ませましょう。

　T：Please read it. We Can! 「教材どうぐばこ」の絵辞典の音源やカードを利用してもよいです。

〔ワークシートの例〕

25　３文字単語を読もう　ワークシート（1）

Read the words and draw a line to the correct picture.

dog

pen

box

ten

pig

fox

Class_____ No._____ Name_____

25　３文字単語を書こう　ワークシート（3）

Let's play Bingo!

Choose and write 9 words from the worksheet (1) and (2).

Bingo1

Bingo2

Class_____ No._____ Name_____

本時の展開例（11回目／全12回）

	○学習活動	指示・声かけ
あいさつ	【Greeting】30秒 ○全体にあいさつする。	T：Let's start English Time! T：Good morning, class! S：Good morning, ◇◇sensei.
歌	【Songs & Chants】1分 ○Out Goes the Ratを歌う。	T：Sing the song.
フォニックス	【フォニックス】3分 ○Foods jingle ○クラスを3つに分け、2列はアルファベットの名前、2列は音、2列はキーワードを言う。	T：Say, "Foods jingle." 　Get into 3 groups. 　This group, say the names. This group, say the sounds. This group, say the keywords.
アクティビティ	【ワークシート】5分 ○10回目で使ったワークシートを見ながら再度3文字単語を読む。 ○ビンゴシートに9つの単語を書き写す。 （クラスの実態に合わせる）	T：Look at the sheet and read words. T：Choose 9 words and write them on the Bingo sheet.
あいさつ	【Greeting】30秒 ○終わりのあいさつ。	T：That's all for now. S：Thank you, ◇◇sensei. T：Good job!

単元の評価の観点・方法（例）　ワークシートの3文字単語を読んで絵とつなぐことができる。

（知・技）

行動観察、ワークシート、振り返りシート

児童の振り返り（例）　ワークシート(1)(2)の単語を読んで絵とつなげることができる。

◇まだむずかしい　　○ゆっくりならいくつかできる

◎全部できる　　☆すらすらできる

教室より

3文字単語の音がつながって意味がわかったときの子どもたちのうれしそうな顔！音がつながるまでは謎解きのように苦しんでいますが、読めて、意味がわかると爽快であるようです。

（松延亜紀）

26 お話を読もう

一つひとつの音がなんとなくわかり、音をつなげて単語がいくつか読めるようになってきたことで、児童も読みに関心が高まってきています。韻を踏んだリズムのよいお話を使って読みへの挑戦です。決して焦ることはありません。実態に応じたゆっくりした取り組みをお勧めします。

単元目標　○繰り返し聞いた短いお話を英語の音をつなげて読むことができる。**(知・技)**
　　　　　　○繰り返しお話を聞くことで英語の独特なリズムに気づく。**(思・判・表)**
　　　　　　○興味をもってお話を聞いたり、そのお話を、文字を見ながら読もうとしている。**(学・人)**

表現　cat, hat, Pat, his, is, ten, pen, fun, sun, frog, log, jog, dog, など

活動内容・留意点

教材名	活動内容 (例)
[歌A] Apple or Bananas	①DVDを視聴して、聞こえたことばを出し合う。もう一度聞いて確認。 ②手拍子などリズムを取りながら歌えるところを歌う。 ③歌詞を指でなぞりながら歌う。
[歌B] Down by the Bay	①DVDを視聴して、聞こえたことばを出し合う。もう一度聞いて確認。 ②手拍子などリズムを取りながら歌えるところを歌う。 ③歌詞を指でなぞりながら歌う。
[絵本A] *We Can! 2* Story Time	①Storyを聞く。聞こえたことばを出し合う。もう一度聞いて確認。 ②一文ずつに区切って文字を指さしながら音読する。 ③ICT教材と一緒に文字を指さしながら読む。 ④ペアで一文ずつ文字を指さしながら読みあう。 ⑤Unit1～Unit4を一度聞いて、好きなページをペアで読みあう。
[絵本B] *Shark in the Park!*	①表紙を見せて、"What do you see?"と尋ね、丸の中に見えるものが何かを想像させる。 ②2回目は、"There is the shark in the park."の言えるところを言う。
Oxford Reading Tree Stage1　First Phonics Rhyming Stories	①Big bookで読み聞かせを行う。声に出して一緒に読む。 ②クラスを2つに分けて1ページずつ読む。(ミニブックがあればペアになって協力して読み進める。)
[フォニックス] Alphabet/Animals/Foods/Countriesジングル	①指さしながら一緒に言う。 ②キーワードを言う。

−158−

単元計画

回	1	2	3	4 (本時)	5	6	7	8	9	10	11	12
歌	A①	A②	A②	A②	A③	A③	B①	B②	B②	B②	B③	B③
絵本A	U1	U1*	U2	U2*		U3	U3*	U4	U4*		⑤	⑤
絵本B					①						②	
フォニックス	①	②	①	②	①	②	①	②	①	②	①	②

※UはWe Can! 2のUnitを示す。数字のみは①②を行い、数字に＊付きは③④を行う。

教材

[歌A] "Apples and Bananas"

（音源：DVD『Superstar Songs 3 DVD 目と耳で歌って覚える英語シリーズ』mpi、2011年など）

〈歌詞〉I like to eat, eat, eat apples and bananas ／ I like to eat, eat, eat apples and bananas ／ I like to ate, ate, ate ay-ples and ba-nay-nays など

ポイント！

★音遊びの楽しい歌です。意味をなさないことばに音とリズムでなじんでいきます。前の母音（長母音）の変化に合わせてappleとbananaの音が、変わるので児童はおもしろがります。
こういった音遊びを取り入れて音韻認識を育てることが大切なので、児童からオリジナルのものが出てきたら取り入れるとよいでしょう。

★歌詞カードを見て指さししながら歌うことで、音と文字がつながります。母音には違う音があることや韻を踏んでいることに自然と気づいていくとよいでしょう。

[歌B] "Down by the Bay"

（音源：『Superstar Songs 3 DVD　目と耳で歌って覚える英語シリーズ』mpi、2011年など）

〈歌詞〉Down by the bay ／ Where the watermelons grow ／ Back to my home ／ I dare not ／ go For if I do ／ My mother will say ／ "Did you ever see a moose kissing a goose?" Down by the bayなど．

ポイント！

★韻を踏んだことばがたくさん使われた楽しい歌で、4番までありますが、繰り返しが多いので歌えるところから徐々に歌っていくとよいでしょう。追いかけ歌なので2つのグループに分かれて歌ってもよいでしょう。

★この歌も歌詞を見ながら歌うことで、音と文字をつなげ、同じような音でも綴りが違うことに気づくでしょう。

[絵本A]（例）*We Can! 2 "Story Time Unit 1-Unit 4*

（文部科学省、2018年　など）

〈概要〉文部科学省が作成した教科書*We Can! 2*の中に毎単元に１ページずつ含まれています。韻を踏んだお話なので、児童の音韻認識を育て、リズムよくお話が流れ、児童にとっても読みやすいお話です。お話の中で、主人公のPat君が自分のことについていろいろと教えてくれます。

ここで **ポイント！**

★これまで学習してきたフォニックスの知識を使いながらストーリーを読んでいきます。音の繰り返しが多い絵本や韻を踏んだお話はリズムがあり、初めて読む児童にとっても読みやすいです。

★*We Can!2*はどの学校にもあり、ICT教材があるので、音を聞いて文字を見ながらゆっくりと読みの力を付けていけます。正課の時間にストーリータイムをすでに使われている学校ではOxford Reading Tyee の Stage1　First Phonics Rhyming Storiesのパックを取り入れるとよいでしょう。繰り返しの多い絵本で、韻を踏んだ文章が含まれているので児童も読みに入りやすいでしょう。

★Oxford Reading Tree, Stage1 , First Phonics, Rhyming Storiesの提案

①Big bookの表紙や絵本の絵を使ってQ&Aを取り入れながら全体に読み聞かせる。

②2回目は児童が読めそうな語彙のところで少し間を取り、児童に読むように促す。これを繰り返し行い、児童の声が出てきたら、クラスを２つに分けページごとに英語を指さしながら読み進める。ページを交代して、再度読み進める。

③グループに１冊ずつ配布し、グループで協力しながら読み進める。慣れてきたら二人ずつページを分担し、できるようであれば、一人ずつグループのお友達に読み聞かせる。

1	2	3	4	5	6	7	8	9	10	11	12
A①	A②	A③	A③		B①	B②	B③	B③		復習	復習

※（例）［絵本A］"Can you see me?"［絵本B］"The Ice Cream"など、これまで扱った本を復習としてグループでもう一度読みあう。

[絵本B] *"Shark in the Park"*

（Nick Sharratt著、A Random House Group Company、UK、2007年）

〈概要〉Timothy Popeという男の子が双眼鏡をもって公園に出かけていき、双眼鏡でいろいろなものを見つけます。その一部がすべてサメのヒレに見えてそのたびに「公園にサメが出た！」と叫びますが、よく見るとネコの耳だったり、カラスの羽だったり…/rk/の韻を繰り返し踏んでいるのでその音への認識も深まり、リズムよく文章が言えます。最後の落ちが気になります。児童と続きを考えるのも楽しいでしょう。

本時の展開例（4回目／全12回）

	○学習活動　・留意点	指示・声かけ
あいさつ	【Greeting】30秒 ○全体にあいさつする。	T：Let's start English Time! T：Good morning, class! S：Good morning, ◇◇sensei.
歌	【Songs & Chants】2分 ○Apples and Bananasを歌う。	T：Sing the song.
フォニックス	【フォニックス】2分 ○Foods ジングル ・キーワードを言う。	T：Say the keywords.
絵本	【絵本A】5分 *We Can! 2* ①テキストを開け、指さししながら音源とともに読む。児童の様子を見て何度か行う。 ②ペアになり、一文ずつ順に読む。	T：Open your textbook to page 17. 　　Read and point to each sentence. T：Make pairs. Read a sentence one by one.
あいさつ	【Greeting】30秒 ○終わりのあいさつ。	T：That's all for now. S：Thank you, ◇◇sensei. T：Good job!

単元の評価の観点・方法（例）　　繰り返し聞いた短いお話を英語の音をつなげて読むことができる。

（知・技）

行動観察、パフォーマンス評価、先生の個別確認、振り返りシート

児童の振り返り（例）　　グループやペアで短い絵本を読むことができる。

◇まだむずかしい　　　　　　　　○友達と一緒なら

◎ゆっくりなら一人で読める　　　☆一人ですらすら読める

教室より

繰り返し聞いたお話を、文字を見ながら音をつなげてとつとつと読み進めていく中で、聞き覚えのある英語の音にたどり着いたときは、とてもうれしそうな顔をします。お友達と顔を見合わせて喜んでいました。英語が読めるのはうれしいようです。

（松延亜紀）

踏み出した一歩のその先に

　私は、英語が得意ではありません。たまに外国の方と接する機会があれば、ドキドキ、ビクビク…。「誰か助けて!!」と思いながらやり過ごしています。そんな私が、小学校で英語を教えることになりました。どうやって教えたらよいのか、途方に暮れる私でしたが、二つのことがきっかけで英語教育に対する考え方がネガティブなものからポジティブなものへと少しずつ変わり始めました。

　一つめは、私が英語を教えるというより、子どもたちが自然と英語を吸収していくのだと気づいたことです。私は英語が話せないので、いつもDVDやCDに頼っていました。すると、繰り返し英語に触れているうちに、子どもたちは自然と歌詞を口ずさみ始めるのです。話が全部理解できているわけではないのに、おもしろい場面で笑ったり、セリフを真似したりするのです。子どもたちの柔軟さを痛感し、少しでも子どもたちの可能性を広げるために自分にできることを模索するようになりました。子どもたちの笑顔に励まされながら、私はClassroom English の簡単なことばから使ってみることにしました。"What did you hear?"と投げかけると、"Thank you." "Good morning."など、日常の中でよく耳にすることばが返ってきます。私の英語に対する思いをよそに、子どもたちは勝手に「英語を」「英語で」楽しんでいる、私も一緒に楽しめばよいのかもしれないと、次第に英語教育に前向きになっていきました。

　子どもたちとの活動の中で、特に印象に残っているのはジングルです。ABC ジングルから始まり、動物、食べ物、身のまわりジングルと、多くのジングルに触れました。DVDに合わせて、子どもたちは楽しそうに口ずさみ、そしてどんどん覚えます。私の学級の子どもたちが特に好きだったのは、電子オルガンのリズムボックスのリズムに合わせてジングルを言うことです。どんどんテンポをあげていくと、「早口ことばのようで面白い！」「もっと早く！」「今度は少しゆっくりめで！」と、ゲーム感覚で楽しんでいました。

　オリジナルジングル作りも印象に残っています。まずはキーワード集めです。子どもたちは、すでに動物や食べ物などさまざまなジングルでたくさんのことばをインプットしているので、"B for/b/、/b/、・・・?"と尋ねると、"Bear!" "Banana!"と返ってきます。そこで、"Anything else?"と、他にbから始まることばを尋ねると、子どもたちの目が輝き始めました。子どもたちは日常生活の中で、想像以上に多くの英語に触れています。テレビ、雑誌、看板、自分の趣味など、自分の身近なところから、多くの英語を見つけていました。野球を習っている子からは "Baseball!"、乗り物好きな子からは "Bus!"、また、子どもたちの間で「誕生日って、バースデーって言うよなぁ。バースデーって b で始まるんちゃう？」という会話を拾って "Excellent! Birthday!!"と返します。このような感じで、だんだんキーワードが集まってきます。時には、「バレンタインは？」と提案する子どもに「バレンタインはValentine。vから始まるねん！」と返すと「へぇー！」と学びを深める子どももいました。ある程度キーワードが集まると、自分たちでキーワードの順番を変えてジングルにしていきます。キーワードの順番を決めるときに、子どもたちなりに言いやすいキー

Column

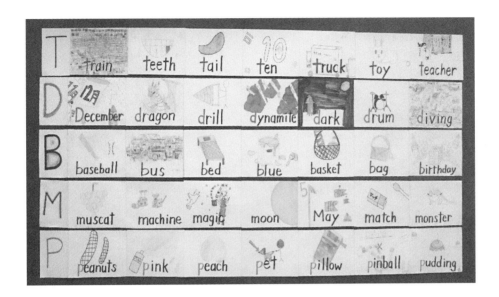

ワードの順番や語感のよさがあるようで、"B for /b/ /b/ bus、bed、blue、…" "It's nice."とワイワイ楽しく活動しました。jingleができあがったら"Any volunteers?"キーワードに合った絵を描いてくれる人を募集します。これが大人気で、それぞれ自分の好みのキーワード（というか、絵を描きたいキーワード）を選びます。休み時間に描く子がいれば、家で描く子もいました。みんなで描いた絵をつなげると、とっても素敵なものになりました。子どもたちは「ピーナッツ（peanuts）」や「ダイナマイト（dynamite）」など、私には綴りがわからないキーワードもよく見つけてきました。私もその度に辞書で綴りを調べ、「こうやって書くんやって！」と子どもたちと一緒に楽しんだことを、今でも懐かしく思い出します。

　私が英語に前向きになった二つめのきっかけは、我が子の存在です。我が子たちの小学校で英語のモジュール学習が始まりました。すると、ある日我が子達が兄妹でキャッキャッと笑いながら英語の歌を歌っているのです。ジェスチャーまでつけて盛り上がっています。きっと、学校で"Sing with gestures."とやっているのでしょう。そうやって学校で経験したことを、友だち同士で、兄弟で、時にはおうちの人たちと共有している子どもがきっとあちらにもこちらにもいるのだと、我が子たちを見てはっとさせられました。

　私は、今でも英語が得意ではありません。しかし、私は子どもたちに英語の世界への扉を開いてあげることならできます。私が一歩踏み出すことがきっかけで英語と出会い、その出会いが子どもたちの可能性を広げることにつながっていると信じて、今日も私は"Let's start English time! Are you ready?"と、笑顔で元気よく声を出すことでしょう！

（吉沢智子）

● この本でご紹介した絵本・DVD・CD等

※「掲載箇所」の欄の数字は活動例の番号、低・中・高は低学年・中学年・高学年を示しています。

絵　本	掲載箇所
A Trip to Gramma's House オリジナルCD付英語絵本, DVD有：Patricia Daly Oe & Mari Nakamura著, わたなべちいこイラスト, mpi, 2016, ISBN9784896435580	低4
Brown Bear, Brown Bear, What Do You See? CD付絵本, Bill Martin, Jr. 著, Eric Carleイラスト, mpi, 2011, ISBN9784896439830	低7
Carrot Seed (*Rise and Shine*) Ruth Krauss, HarperCollins, 1989, Reprint版 (2004), ISBN9780064432108	中17
Chicka Chicka Boom Boom, Bill Martin Jr. & John Archambault著, Lois Ehlertイラスト, Little Simon, 2010, ISBN 9780689835681	低2
Five Little Monkeys, Eileen Christelow, Scholastic Inc., 2005, ISBN059099459X	低5
*From Head to Toe*オリジナルCD付英語絵本, Eric Carle著・イラスト, mpi, 2010, ISBN9784896439823	低6
I like coffee, I like tea (CD付), 松香洋子, mpi, 2002, ISBN9784896431643	高22
I'm a Little Teapot (Iza Trapani's Extended Nursery Rhymes), Charlesbridge；Brdbk版, 1998, ISBN9781580890557	中16
In a People House, Dr. Seuss, Bright & Early Books (R), 1972, ISBN9780394823959	中18
In the Morning (Potato pals1), Patrick Jackson & Rie Kimura, Oxford University Press, 2005, ISBN9780194591485	低10
It Looked Like Spilt Milk, Charles G. Show, NY：HarperCollins, 1988, ISBN9780064431590	中11
My Cat Likes To Hide in Boxes, Eve Sutton著, Lynley Doddイラスト, Penguin Group,2010, ISBN 9780140502428	中20
No, David!, David Shannon, Scholastic, ISBN9780590930031	低10
Nobody Wanted to Play, Roderick Hunt, Oxford University Press, 2011, ISBN9780198481744	中19
Oxford Reading Tree Stage 1+ First Sentences Pack, Roderick Hunt & Alex Brychta, 2003, ISBN 9780198480617	高25
Pal the Parrot, Mikiko Nakamoto & Ryoko Fujikawa, アプリコット出版, 2000, ISBN9784899910169	低1
Peanut Butter and Jelly, Nadine Bernard Westcottイラスト, オリジナルCD付英語絵本 ペーパーバック, mpi, 2010, ISBN9784896439847	低8
Pete the Cat -I Love My White Shoes, Eric Litwin著, James Dean イラスト, Harper Collins Childrens Books, 2001, ISBN9780007553631	低3
Reds and Blues, Oxford Reading Tree, Stage 1++. First sentences, Roderick Hunt & Alex Brychta, 2003, ISBN9780198450344	高25
Rosie's Walk, Pat Hutchins, Red Fox Picture Books, 2009, ISBN 978186230806	中20
Shark in the Park!, Nick Sharratt, A Random House Group Company, 2007, ISBN9780552549776	高26
The Foot Book, Dr. Seuss著, オリジナルCD付英語絵本ペーパーバック, mpi, 2011, ISBN9784896439816	中16
The Happy Day, Ruth Krauss, HarperCollins, 1989, ISBN9780064431910	中14
Today is Monday, Eric Carle, Puffin Books, 1997, ISBN9780698115637	中13

reference

	掲載箇所
Walking and Walking, Anthony Robinson著, Gwyneth Williamsonイラスト, Collins Big Cat, 2011, ISBN978000741276	低9
What's the Time, Mr. Wolf? Annie Kubler, Childs Play Intl, 2004, ISBN9780859539449	中12
When Sophie Gets Angry- Really, Really Angry, Molly Bang, Scholastic Bookshelf, 2004, ISBN9780439598453	中15

DVD	掲載箇所
アルファベットチャンツ　DVD, mpi, 2012, ISBN9784896434323	中14
DVD『Dream 2』大阪市	中16
I like coffee, I like tea DVD, mpi, 2006, ISBN9784896432510	高22
I'm a Little Teapot（*We Can! 1* Unit 2）, mpi, 2011, ISBN9780071279673	中16
Sport Jingle（大阪市教育委員会, 真田山小学校作成）	中17
Super Simple Songs 2, Tokyo：Super Simple Learning, 2011, ISBN9781940199184	中14
Superstar Songs 1DVD, mpi, 2011, ISBN9784896433630	低3・9
Superstar Songs 2 DVD, mpi, 2011, ISBN9784896433647	低3・6・10/中11・12・13・15/高24・25
Superstar Songs 3 DVD, mpi, 2011, ISBN9784896433654	中14・19/高25・26
SWITCH ON 2, mpi, 2016, ISBN9784896435382	中16

CD	掲載箇所
Super Simple Songs 1, Taiwan：Super Simple Learning., 2014, ISBN9781940199047	低5
歌っておぼえるらくらくイングリッシュ1, 成美堂, 2008, ISBN9784791971428	低5・6/中11・12・13・15・18・19
歌っておぼえるらくらくイングリッシュ2, 成美堂, 2008, ISBN9784791971435	低1・2・4/中11・14・20
小学校英語 英語の歌と活動アイデア 35 NEW ENGLISH SONGS, 松川禮子（監）, 文溪堂, 2007, ISBN9784894235250	中13

その他	掲載箇所
Hi. Friends! Plus, 文部科学省	低2/中18/高21・22
Superstar Songs 1英語の音あそび教室, 宮清子著, 久保章子編, mpi, 2009, ISBN9784896433722	低7・8
Superstar Songs 2英語の音あそび教室, 宮清子 著, 久保章子 編, mpi, 2009, ISBN9784896433739	中11・12・15/高24・25
We Can! フォニックスワークブック1（CD付）, 松香洋子, mpi, 2011, ISBN9784896433234	中16
文部科学省デジタル教材 *Let's Try! 1・2*	低1・2・3・4・5・8/高21・22・23
文部科学省デジタル教材 *We Can! 1・2*	低2/中16・17・18・19/高21・22・23・25・26

あとがきにかえて

　新大阪の駅から地下鉄に乗り換えること数分、さらにそこから10分ほど歩いたところにその小学校はありました。大阪市「英語イノベーション」事業における短時間学習を活用した取り組み、「小学校低学年からの英語教育」のアドバイザーを拝命し、私が初めてその重点校のひとつに研修に訪れたのは平成25年8月のことでした。

　すでに多目的室に集まっておられた小学校の先生方は、お互いに談笑されるわけでもなく、一様に資料に目を落とし座っておられました。その静けさと硬い表情が、これから始まる「全学年挙げての英語学習」に対する先生方の不安を物語り、私は当時若者がよく口にしていた「アウェイ感半端ない」（自分がいるべきところではない場所に紛れ込み心細い思いをすること）という流行りのことばを心の中で呟いていました。その重苦しい雰囲気の中、大きくひとつ深呼吸し自分に気合を入れ研修をスタートしたあの日のことを私は一生忘れません。

　今まで外国語の指導をされたことのない先生が半数以上、しかも専門家でもない学級担任が果たして（15分ずつとはいえ）週3回という高い頻度で児童の指導に関われるのか…先生方の不安そして負担感はそのまま小学校現場に足を運んだ私たちアドバイザーの不安と重なりました。

　アドバイザーは各自決められた中学校区の小学校に毎月研修に通いました。次月の指導案に沿った研修を各小学校で月1回、またそれに加えて先生方の実際の指導場面を参観してフィードバックをする訪問研修日も各小学校で月1回行いました。

　研修が重なるごとに先生たちの顔がしだいに明るくなっていくのがわかりました。研修で、「こんな風に工夫をしてみたらうまくいきました」「児童が飽きてきた様子ですが、どうすればいいでしょう」と意見や質問を出される先生が出てきました。

　教室をのぞくと、先生がいい表情でご指導されるクラスは、児童が本当に生き生きと取り組んでいる様子が見られました。それは、英語がご堪能であるかどうかではなく、いかに子どもたちが安心して声を出すことができるクラスであるか、その学級経営と密接に関わっているということを私たちアドバイザーは担任の先生方から教わりました。短時間指導の目的をご理解された先生は、私たちがお伝えしたアクティビティよりもさらにクラスの実態に合わせて児童の体も心も動かす活動を工夫され、いつの間にか、英語の専門家であるはずのアドバイザーが小学校の先生に学ばせていただくことが多くなってきました。

児童が変わると、先生が変わる

　「子どもの様子見てると、『ええことやったってるんやな』という気がするわ」「児童と一緒に楽しんでます」「子どもってすごいわ。あっという間に英語を聞き取れるようになりました」とお声をかけてくださる先生がしだいに増えてきました。

　研修では、「日本語と異なる英語の音声をたくさんインプットし気づきを促す指導」として、絵本の読み聞かせをはじめ、音と文字指導、歌やチャンツの指導、そして、短時間学習で身につけた知識を使ってのやり取りの活動などを具体的にお伝えしました。

　英語主担者を集めてのカスケード型ではなく、アドバイザーが各中学校区あるいは小学校に足を運んで指導案に沿ってマイクロティーチングを行うという大阪市独自の研修は、こうして重点校での実践をもとに全市に展開していきました。

本書は、その大阪市の短時間学習の取り組みを、大阪市教育委員会事務局、大阪市小学校教育研究会国際理解教育部、アドバイザーである私たち、そしてあの日から今日まで頑張ってくださった大阪市の小学校の先生方、何よりも大阪の子どもたちが、一つのチームとなり取り組んだ外国語学習の支えであった指導案からなります。実際の15分一回一回の指導案は数千に上り（参照:大阪市教育センターHPアドレス http://www.ocec.jp/center/index.cfm/29,0,249,html）、それらと現場の先生方の実践からいただいたアイディアや私たち自身が訪問研修でお伝えした基本的な指導を、専門の先生方のご指導を仰ぎながらまとめたものです。

　これらは、「小学校における外国語学習」という未知の世界への船出にあたり、まるで羅針盤のように海路を示してくれるものでした。この毎回の指導案と大阪市チーム全体の共通理解があったからこそ、みんなで同じ方向を向いて進むことができたのだと信じています。

　2020年の教科化を前に、日本中にはまだまだあの日私が多目的室で出会った先生方のようにたくさんの不安を抱えておられる方が多いと思います。この本が少しでも、そんな先生方のお役に立ち、その先生方の後ろにいる何千何百万人の未来をひらく子どもたちの「大海原への船出」を応援するものになれば、私たちにとってこれほどの喜びはありません。　　　**Von Voyage**！

　最後に、本書の執筆に関わった方々以外の大阪市の小学校、中学校の先生方、本取り組みを英語教育の豊かな知見をもって温かくご指導くださった湯川笑子先生、長沼君主先生、赤沢真世先生にこの場をかりてお礼を申しあげたいと思います。誠にありがとうございました。

大阪市英語教育アドバイザー　代表　田縁眞弓

低学年から始める英語短時間学習
──すぐに使える活動アイディアと単元展開──

2019 年 7 月 8 日　第 1 刷発行

編著者　泉　　惠美子

　　　　田縁　　眞弓

　　　　川﨑眞理子

発行者　伊東　千尋

発行所　教育出版株式会社

〒 101-0051　東京都千代田区神田神保町 2-10
電話（03）3238-6965　振替 00190-1-107340

©E.Izumi/ M.Tabuchi/ M.Kawasaki 2019　　　　組版　さくら工芸社
Printed in Japan　　　　　　　　　　　　　　印刷　藤原印刷
乱丁・落丁本はお取替えいたします。　　　　製本　上島製本

ISBN978-4-316-80479-8　C3037